PROJETO [NÃO] PROJETO
[QUANDO A POLÍTICA RASGA A TÉCNICA]

CONSELHO EDITORIAL

Alex Primo – UFRGS
Álvaro Nunes Larangeira – UFES
André Lemos – UFBA
André Parente – UFRJ
Carla Rodrigues – PUC-Rio
Cíntia Sanmartin Fernandes – UERJ
Cristiane Finger – PUCRS
Cristiane Freitas Gutfreind – PUCRS
Erick Felinto – UERJ
Francisco Rüdiger – PUCRS
Giovana Scareli – UFSJ
Jaqueline Moll – UFRGS
João Freire Filho – UFRJ
Juremir Machado da Silva – PUCRS
Luiz Mauricio Azevedo – USP
Maria Immacolata Vassallo de Lopes – USP
Maura Penna – UFPB
Micael Herschmann – UFRJ
Michel Maffesoli – Paris V
Moisés de Lemos Martins – Universidade do Minho
Muniz Sodré – UFRJ
Philippe Joron – Montpellier III
Renato Janine Ribeiro – USP
Rose de Melo Rocha – ESPM
Simone Mainieri Paulon – UFRGS
Vicente Molina Neto – UFRGS

PAULO REYES

PROJETO [NÃO] PROJETO
[QUANDO A POLÍTICA RASGA A TÉCNICA]

Editora Sulina

Copyright © Paulo Reyes, 2022

Capa: Antonio Silveira (edição e finalização) sobre a criação de Paulo Reyes e Gabriel Fernandes
Projeto gráfico: Fosforográfico/Clo Sbardelotto
Editoração: Clo Sbardelotto
Revisão: Felipe Minor

Editor: Luis Antônio Paim Gomes

Dados Internacionais de Catalogação na Publicação (CIP)
Bibliotecária responsável: Denise Mari de Andrade Souza CRB 10/960

R457p   Reyes, Paulo
            Projeto não projeto: quando a política rasga a técnica / Paulo Reyes. – Porto Alegre: Sulina, 2022.
            184 p.; 14x21cm.

            ISBN: 978-65-5759-068-3

            1. Arquitetura . 2. Planejamento Urbano. 3. Arquitetura Moderna. 4. Urbanismo. I. Título.

                                       CDU: 72
                                       CDD: 720

Todos os direitos desta edição reservados à

EDITORA MERIDIONAL LTDA.
Rua Leopoldo Bier, 644 – 4º andar
Bairro Santana, CEP 90620-100
Porto Alegre, RS – Brasil
Tel.: (51) 3110-9801

sulina@editorasulina.com.br
www.editorasulina.com.br

Julho / 2022
Impresso no Brasil / Printed in Brazil

"sou um técnico, mas tenho técnica só dentro da técnica.
fora disso, sou doido, com todo o direito a sê-lo.
com todo o direito a sê-lo, ouviram?"
Fernando Pessoa

SUMÁRIO

[**APRESENTAÇÃO**] o caminho da lucidez expectante – 9
Nélio Conceição

[**PREFÁCIO**] "em tempos sonhei": os gestos ensaísticos de Paulo Reyes – 16
Maria Filomena Molder

1 [**ENSAÍSMO**] produção de uma narrativa – 21

2 [**ESTABILIDADE**] [re] produção do mesmo – 39

3 [**ESTRANHAMENTO**] produção do desvio – 73

4 [**ESPAÇAMENTO**] produção de vazio – 105

5 [**ESBOÇO**] produção da diferença – 137

[**POSFÁCIO**] o professor, o tecnólogo, o extensionista – 168
Bruno Cesar Euphrasio de Mello

[**REFERÊNCIAS**] – 179

APRESENTAÇÃO

O caminho da lucidez expectante

Nélio Conceição

"Preferiria não." Estas palavras de Bartleby, o escrivão criado por Herman Melville, que a partir de certo dia decide não cumprir as suas funções, poderiam servir de emblema ao livro de Paulo Reyes *Projeto [não] Projeto [quando a política rasga a técnica]*. Este, por seu lado, visa também o "incumprimento" de um certo modo de fazer e pensar o projeto urbano. Recorrendo a expressões que atravessam o livro, neste trata-se de questionar o *saber-fazer* por via do *pensar-fazer*. Não por acaso, de entre as várias figuras literárias e *conceptuais* que nele são invocadas e trabalhadas, o gesto de Bartlebly aparece com algum destaque: interrompendo um processo, mantendo-se no *ainda-não*, ele abre espaço para outras temporalidades e outras possibilidades do projeto urbano. Com que objetivo? Antes de mais, para contrariar as lógicas inexoráveis do urbanismo e da arquitetura, bem como as palavras e as metodologias gastas, que tantas vezes mais não fazem do que ocultar processos de poder e lógicas disciplinares que negligenciam que uma cidade, e o modo de projetar numa cidade, são coisas complexas e sujeitas ao *dissenso*. O subtítulo do livro coloca a tônica no essencial: essa forma de pensar-fazer deverá ser assumidamente *política*, caso contrário, corre o risco de ser reduzida a mais uma roda dentada da máquina em que capitalismo e técnica se calibram mutuamente.

A pandemia originada pelo vírus SARS-CoV-2 teve reflexos imediatos nas cidades confinadas, tornando-as quase desertas, imóveis, entregues ao essencial da sua funcionalidade e às ervas daninhas que foram crescendo pelas ruas, sinais de que, em última instância, a natureza fará sempre o seu caminho por dentro da malha urbana, e que todos os projetos humanos estão sob a ameaça da catástrofe – o que nos deve fazer refletir, tal como o terremoto de Lisboa de 1755 obrigou o espírito iluminista a repensar os seus fundamentos. Representações de cidades interrompidas e destruídas já faziam parte do nosso imaginário por via da literatura, da fotografia ou do cinema, mas agora a questão transformou-se: já não se trata de uma imagem com a qual nos limitamos a imaginar; desta vez nós próprios somos parte da imagem. A interrupção pandêmica ligou-se à espera, à incerteza de que somos atores. Não sem uma ponta de ironia, o tempo da interrupção de Bartlebly, que Paulo Reyes recupera para injetar uma outra vida no projeto urbano, desdobrou-se de forma ambígua no tempo da interrupção pandêmica.

Tal como os aviões que marcam a transitoriedade do lugar que potenciou a escrita, também a ambiguidade desse tempo de suspensão entra na paisagem de pensamento do texto, e parece ter libertado o seu autor para uma deambulação livre pelas muitas ruas da subversão das narrativas consolidadas sobre a cidade e o projeto urbano. Essa deambulação é também a de um professor que, na sua assumida função social e ética, se predispõe a tatear, com tudo o que esta palavra conserva do âmbito do toque, da experimentação, da investigação, da espera e da expectativa. Neste sentido, o livro está também ligado ao Estágio de Professor Visitante Sênior que Paulo Reyes realizou no IFILNOVA – Instituto de Filosofia da Universidade Nova de Lisboa, entre 1 de outubro de 2019 e 30 de setembro de 2020. E não apenas porque esse ano lhe concedeu a oportunidade de mergulhar na escrita. Com o título de "Operação por imagens na experiência de leitura e projeto da cidade", o seu próprio plano de trabalhos como Professor Visitante desenvolveu-se em proximidade com os temas e as abordagens do projeto de investigação "Fragmentação e reconfiguração: a experiência da cidade entre arte e filosofia"[1]. Reunindo a perspectiva (com vocação crítica) do arquiteto com o trabalho *conceptual* da filosofia e com um foco interdisciplinar inspirado pelas artes e pela literatura, os temas apresentados e discutidos por Paulo Reyes abriram uma série de articulações com o trabalho realizado pela equipe do projeto de investigação, articulações que se

---

[1] A decorrer entre 1 de outubro de 2018 e 30 de setembro de 2022. Financiado pela FCT – Fundação para a Ciência e a Tecnologia (PTDC/FER-FIL/32042/2017). Maria Filomena Molder é a Investigadora Responsável e Nélio Conceição co-Investigador Responsável.

prendem não só com os autores abordados (como Walter Benjamin, Georges Didi-Huberman ou Jacques Rancière), mas também com temas mais concretos relacionados com as práticas artísticas em contexto urbano e com debates contemporâneos sobre urbanismo e arquitetura, muito prementes na cidade de Lisboa, que tantas mutações impensadas tem sofrido nos últimos anos. Tateando – experimentando, investigando e partilhando – as leituras da estética filosófica, a pesquisa de Paulo Reyes em Lisboa abriu também um tempo e um lugar muito particulares, numa espécie de suspensão produtiva que atravessa o presente livro.

Este procura os bons conceitos e os bons autores, mas também apresenta trabalhos de doutoramento em curso; procura, portanto, os bons aliados para uma disputa no próprio campo disciplinar – do urbanismo e da arquitetura – onde o texto nasce e ao qual se dirige, por mais necessários que sejam os desvios por outros modos de pensar e fazer. Esse campo disciplinar tem (à semelhança de outros campos que Michel Foucault analisou de forma paradigmática) um poder discursivo que serve os mecanismos da sua autossustentação. Ao trazer para a discussão a dimensão política, Paulo Reyes visa assim "desnaturalizar" o discurso sobre o saber-fazer, mostrando não só onde residem as formas de poder que o modelam, mas também, e desde logo, pistas para nele introduzir a diferença. No tatear, na procura, os conceitos filosóficos tornam-se conceitos operativos: *negação*, *torção* e *espaçamento* põem em movimento o próprio pensar-fazer, exigindo-lhe uma ação transformadora. E isto não são meros jogos de palavras, desde logo porque estamos num domínio prático e técnico, relativo aos procedimentos e às metodologias do projeto urbano, que não pode ser desconsiderado. O aguilhão da crítica será sempre o de questionar: mas que procedimentos, que metodologias? O capitalismo é um sistema econômico e de organização da vida individual e coletiva com uma grande capacidade de adaptação às crises. Veremos como, nos diferentes contextos sociais e políticos, se projetará a recuperação econômica na ressaca da crise pandêmica; e que rumos – que projetos urbanos – serão vinculados às cidades que, como Lisboa, viram interrompido um rápido processo de gentrificação e turistificação. É também neste contexto que o livro de Paulo Reyes revela a sua atualidade: rasgar a técnica é pôr em questão determinadas narrativas de progresso econômico que vêm sempre atreladas a narrativas históricas (mesmo que de forma encapotada). Podemos ter perdido o caráter ingênuo da concepção de progresso herdada dos primórdios da época moderna e consolidada no século XIX, mas não perdemos o eixo *ciência-técnica-progresso* que alimenta tantas disciplinas e tantos saber-fazer. Lançando-se no futuro e apoiando-se num *ato resolutivo* suportado pela técnica, a ideia tradicional de projeto urbano traz também as reminiscências desse eixo e dos seus ideais. Vários autores puseram a descoberto a ilusão de neutralidade que tantas vezes encobre as forças tremendas que constituem a técnica: seja pela crítica da ideia de instrumentalidade segundo a qual a técnica é vista como um mero meio para alcançar fins (Martin Heidegger), seja pela destruição do carácter ilusório da concepção historicista que suporta a neutralidade do progresso e das conquistas da técnica (Walter Benjamin). Perante este quadro, tem-se tornado imprescindível, nas diferentes áreas de conhecimento, desfazer esse caráter neutro. Paulo Reyes tem isso bem presente no que toca ao projeto urbano, entendido como ato resolutivo e consensual que, aparentemente, não faz outra coisa senão unir o possível ao concretizável. Trazendo para cima da mesa a urgência desse debate, este livro acrescenta-lhe uma dimensão dissensual e política inspirada sobretudo pelo pensamento de Jacques Rancière.

Já Henri Lefebvre chamava a atenção para os perigos das concepções idealizadas do planejamento urbano, assentes numa concepção de cidade ideal, na postura do arquiteto ou do urbanista todo-poderoso, com a sua tendência para se tornar um "médico do espaço". Embora não recupere Lefebvre, Paulo Reyes situa-se nessa linhagem crítica e chama-nos repetidamente a atenção para a armadilha de palavras gastas como "revitalização", que escondem não apenas concepções idealizadas, mas também a própria força do capital, da mais-valia, da especulação imobiliária que mercantiliza o espaço e as vidas, as nossas vidas. São forças muito poderosas. Segundo a proposta de Paulo Reyes, para contrariá-las é necessário o tempo da demora e da hesitação, da espera que deixa entrar os dissensos e as contradições. O leitor deste livro poderá não ter tempo para essa demora, mas terá de confrontar-se com ela.

Ora, uma proposta destas não sobrevive sozinha. E o último capítulo traz um espírito coletivo que, ao invés de qualquer desejo de uniformidade, parece sim indiciar a necessidade do trabalho com o outro. Esse coletivo faz-se num grupo e faz-se com colegas que têm obra feita nestas questões, mas faz-se também, e sobretudo, com as orientandas e os orientandos que, numa espécie de desdobramento dessa almejada aprendizagem mútua defendida desde o primeiro capítulo, desdobram os vários conceitos trabalhados, fornecendo-lhes operatividade, casos de estudo, contrapontos, uma ligação a contextos específicos.

Este livro é alimentado por uma forma muito particular de inquietação, talvez até por um certo desconforto, e daí a injunção de mudança que o percorre (a expressão "é preciso..." repete-se várias vezes). Mas, acima de tudo, é alimentado por uma expectativa. À enunciação do ainda-não não se pode exigir um método cartesiano ou um caminho de deduções bem definidas. Por vezes, as ideias são formadas por nebulosas de inquietações, por constelações de conceitos que clamam por uma comunidade capaz de albergar as diferenças. Instalar a demora e a espera no projeto urbano é criar a expectativa de novas formas de lucidez, que porventura não encontraram ainda o seu tempo. Ao longo dos capítulos, o "preferiria não" vai abrindo espaço para o "é preciso", o caminho da lucidez expectante.

[PREFÁCIO]

"Em tempos sonhei": os gestos ensaísticos de Paulo Reyes

Maria Filomena Molder

Tive o prazer de conhecer Paulo Reyes em Lisboa, no quadro do projeto de investigação "Fragmentação e Reconfiguração: a experiência da cidade entre arte e filosofia", enquanto Professor Visitante Sênior no IFILNOVA – Instituto de Filosofia da Universidade Nova de Lisboa –, entre 1 de outubro de 2019 e 30 de setembro de 2020[2].

Na amigável convivência que mantivemos, intelectualmente muito gratificante, verifiquei desde o início que o natural de Paulo Reyes se alimenta do seu fino poder de observação, surpreendendo para cada coisa a sua fisionomia.

---

[2] Para esta e outras indicações complementares, consulte-se a Introdução de Nélio Conceição.

Tempero preferido, o humor manifestava-se muitas vezes através de um jogo dramático mimético, gracioso e preciso. Assim também a atmosfera do seu livro, *Projeto [não] Projeto [quando a política rasga a técnica]*, a que se acrescenta um outro ingrediente, a saber, a fidelidade sem vacilações aos seus mestres (mesmo que haja o sonho de aprender sem mestres): Agamben, Deleuze, mas sobretudo Rancière (e ainda Foucault, Didi-Huberman, Judith Butler).

Nas obras de construção (manutenção de um edifício ou edificação de um novo) é obrigatório pela lei em Portugal colocar uma tabuleta com informações relativas ao tipo de construção, tempo de execução, empresa de construção, número de autorização camarária, etc. A primeira informação, uma fórmula, era dada sob forma interrogativa: "O que vai acontecer aqui?". Paulo Reyes comentava o caráter capcioso de tal pergunta, pois, na verdade, não havia acontecimento, antes projeto com todos os seus instrumentos previstos e preventivos[3].

Excelente pedra de toque para este seu estudo sobre o projeto, que assenta não só numa crítica rigorosa dos seus pressupostos e uma avaliação ponderada e ousada dos seus efeitos na vida da cidade habitada por nós, mas também na expectativa de acrescentar um imprevisível "não", abrir uma interrupção, efetuar um desvio, introduzindo um pequeno vazio no cheio naturalizado, no contínuo das construções planejadas e controladas pelos projetos, filhos da técnica

---

[3] Sobre este assunto consultar: COSTA, Ana Elisia da; REYES, Paulo. O que vai acontecer aqui? *Arquitextos*, São Paulo, ano 21, n. 247.02, Vitruvius, dez. 2020 <https://vitruvius.com.br/revistas/read/arquitextos/21.247/7963>.

que põem entre parênteses a sua serventia para o capital, no urbanismo programado pelas forças políticas e financeiras em jogo: a revitalização é um dos passes de mágica desta santa aliança, a cuja desmontagem se aplica Paulo Reyes.

E, no entanto, talvez seja preferível suspender a caracterização de "estudo", pois, como o autor assinala, neste livro não se trata de um tema, antes do compromisso de "deslocar certezas, produzir rasuras, abrir poros", jogado entre o gesto de resistir e o de arriscar, que se desenrola nos seus cinco capítulos: 1) Ensaísmo; 2) Estabilidade; 3) Estranhamento; 4) Espaçamento; 5) Esboço. A sequência é eloquente e os subtítulos concedem as boas evidências: "produção de uma narrativa"; "[re] produção do mesmo; "produção do desvio"; "produção de vazio"; e, finalmente, "produção da diferença". Detenhamo-nos neste último. É bem elucidativo que, em vez de uma conclusão, Paulo Reyes se decida pelo reconhecimento dos seus afins, olhares associados aos dele, renovando a expectativa de edificar uma comunidade de iguais (expectativa cuja inspiração procede de Rancière): eis o traço colaborativo sustentado por uma "estrutura de endereçamento" (Judith Butler).

Por conseguinte, estamos diante de um ensaio em toda a polifonia dos seus usos: tentativa que não abdica de o ser (uma experimentação e uma auto-experimentação); inventividade que suspende qualquer ato teórico fundador sem abdicar do conceito; preferência, no quadro das categorias da modalidade, pela possibilidade, seguindo o entrelaçamento nascido do chamamento recíproco entre realidade e ficção, proposto também por Rancière. Em suma, uma arte de pensar-fazer.

Os gestos do arquiteto Paulo Reyes, enquanto pensa a arquitetura, inscrevem-se aqui. Primeiro, deslocando o conceito de projeto do ato para a potência (Agamben), inscrevendo-o na esfera do desejo, e instaurando uma oscilação entre projeto como ser e projeto como não-ser. É assim que surge uma poeira de indeterminação e demora, preparatória da instalação da dimensão política que subverte o saber-fazer da técnica. Segundo, criando distância, desequilíbrios, preservando as lacunas. Terceiro, devolvendo ao sonho o seu valor heurístico. O sonho é o operador da interrupção, da suspensão e dos desejos: "Em tempos sonhei".

Vale a pena concentrarmo-nos, por um lado, na temporalidade que o sonho faz propagar e, por outro, no papel desempenhado pela ficção. Em ambos os casos, a imaginação é a potência inventiva, quer para o "futuro do pretérito", confiante na fertilidade da conjunção "se", uma forma de ética que se pode resumir a: "É preciso projetar sonhar e sonhar projetar"; quer na intuição certeira de que as obras literárias fornecem o bom acesso à compreensão dos problemas teóricos através da instauração de constelações imagéticas, a liberdade própria da ficção.

É assim que Paulo Reyes vai surpreender 1) em *História do cerco de Lisboa* de José Saramago, o movimento de uma negativa, que interrompe as consonâncias gastas de uma narrativa discursiva; 2) em *Bartleby escrevente – uma história de Wall Street* de Herman Melville, a torção que prepara a instalação de uma determinação dialética; e 3) e em *Esperando Godot* de Samuel Beckett, um espaçamento que permite adiar o processo normalizador do projeto pela incorporação de olhares que lhe são marginais.

Uma palavra ainda sobre o travo que se saboreia neste livro e que deriva da atenção que o autor dá ao seu dia, ao agora, em constante evanescência, das portas fechadas e janelas abertas, dos corpos isolados da multidão, da rua como objeto de desejo. Nesse agora onde se joga a tensão entre memória do passado e a imaginação do futuro: "Meu corpo", diz Paulo Reyes, "transita nessa linha temporal sem movimentar-se".

1
[ENSAÍSMO]
produção de uma narrativa

Lisboa, verão de 2020. Tempos quentes e encerrados. Tempos de reflexão sobre mim, sobre o outro e sobre o que nos cerca. Um tempo termina aqui em Lisboa e outro se anuncia em Porto Alegre. Nada me parece promissor naquele meu querido país. Mas a volta é inevitável. E a saudade de casa, dos entes queridos, dos amigos, bate forte. É tempo de retorno. Isso me é lembrado sempre que meu silêncio dentro de casa é interrompido por um som de avião. Sim, tenho vivido exatamente sob a rota de aviões que chegam e deixam Lisboa, diariamente.

Diariamente, sou lembrado que meu voo está prestes a partir. Faltam dois meses. Como não sou nada ansioso, as malas já estão quase prontas. Talvez seja meu espírito de planejador que me faça antecipar os fatos. Sempre a pensá-los à frente. Sempre em um presente-futuro. Mas pensar esse tempo que se esvai rumo a um futuro próximo me remete a um momento de reflexão sobre um passado recente. Situo-me, então, nesse presente-passado, a olhar o que se produziu aqui durante este ano de trocas e aprendizados com pensadores da filosofia. É assim que me encontro nesta narrativa.

A expectativa de um novo começo me faz olhar na direção do passado e recolher, tal como Walter Benjamin, os cacos de histórias que se amontoam neste presente, solicitando-me a olhá-los. Recupero textos produzidos aqui ao longo deste ano, mas também busco textos-outros que ainda repercutem nessa minha jornada pelo campo da filosofia e do urbanismo. Fragmentos que recolho da minha produção mais recente que ainda ecoam e, reposicionados em outro contexto, surgirão como cacos da minha história ao longo destas páginas. Vou produzindo, com isso, uma espécie de cartografia da minha experiência de pensamento e de escrita. São escritas que vão se dobrando umas sobre as outras, produzindo novos sentidos e, espero, novos avanços sobre o pensamento crítico ao projeto em urbanismo.

Mais do que me posicionar nesse fluxo de pensamento, sou tomado por ele. Ser tomado por ele significa um deslocamento da posição de sujeito, um deslocamento de uma centralidade da narrativa: de um Eu enunciativo para um Eu sempre em passagem, em fluxo – um fluxo que me toma mais do que eu a ele.

Acabou de passar um avião. Esse fluxo sempre a me lembrar que estou de passagem e, ao mesmo tempo, a me empurrar aos cacos. Meus próprios cacos. Cacos que venho recolhendo ao longo desses trinta anos dedicados ao ensino de projeto em urbanismo. Sempre comprometido com um ensinar e um aprender, a cada novo olhar de um aluno. Sempre à disposição desse olhar. Em um contínuo aprender a ensinar, ou ainda, sempre a aprender com essas mentes inquietas. Falo a partir deste lugar: como aquele que ocupa uma posição social e ética como professor.

Talvez, quiçá, um dia eu consiga ser um mestre ignorante, como nos ensina Jacques Rancière. Um mestre que prima pela emancipação do aluno onde este não esteja submetido à inteligência do mestre, mas à inteligência dos livros, dos textos. Momento esse em que a ligação entre mestre e aluno ocorra pela vontade de aprender, sem hierarquia. Pensar em emancipação é pensar em uma vontade que não coincida com a inteligência. Pelo contrário, em um embrutecimento, a coincidência entre vontade e inteligência está submetida à inteligência do mestre. Voltarei a esse tema, mais tarde. Por enquanto, mais um avião a passar e eles a me lembrarem que a vida tenta seguir seu fluxo normal nesses tempos de pandemia.

Um pensamento chega amontoado em cacos aos meus pés. Um pensamento que me assola e nunca eu a ele: pensar o projeto em urbanismo como processo de enunciação que se configure como narrativa discursiva e que permita que se instale aí um processo de emancipação. Este é o meu desejo. Pensar uma narrativa de projeto que rasgue a técnica pela dimensão política. Ou seja, inserir a política no pensamento de projeto. Esta é a tarefa a que me proponho aqui.

Nesse compromisso ético de emancipação não me é possível pensar o projeto em urbanismo como algo a se ensinar no sentido de transmitir um conhecimento que passaria de mestre à discípulo, mesmo que isso fosse estritamente técnico, mas de um pensar-junto com o outro. Esse pensar-junto me parece só ser possível instalando um pensamento crítico sobre o saber-fazer. Instalar no sentido de dar condições de pensar por si.

Mas por onde me balizar para pensar o projeto em urbanismo? Duas situações na minha experiência de pesquisador e professor me vêm à mente. Essas experiências estão relacionadas com o tipo de narrativa oriunda do meu livro anterior[4], no qual dei início a um pensamento sobre o projeto em urbanismo como um processo aberto. Ou seja, a ideia de posicionar o projeto mais como processo do que como produto a ser realizado. Esse livro desdobrou-se em pesquisa e alimentou muito minhas aulas, me permitindo avançar sobre uma crítica ao projeto em urbanismo a partir de contribuições de alunos, colegas e amigos. Foi nesse contexto que essas situações que relato a seguir ocorreram.

A primeira delas aconteceu quando eu estava apresentando uma comunicação[5] em que eu pautava a necessidade de ver o projeto como um processo aberto, em um importante congresso da área de arquitetura e urbanismo, e uma colega, que estava na audiência, me fez a seguinte provocação: "Paulo, ainda falamos em projeto". Eu não tinha resposta para essa questão e acredito que nem fosse essa a expectativa dela. Mas algo importante foi posto: "ainda falamos em projeto". O que significa "falar em projeto"? O que está implicado quando falamos em projeto ou por projeto? Isso continua a repercutir de maneira forte em mim.

A segunda ocorreu em uma aula na pós-graduação. Um mestrando com forte inserção no mercado como arquiteto de planejamento urbano afirmou: "É interessante pensarmos sobre um projeto aberto, mas, no final, temos que realizar o projeto". A questão dele me fez pensar em

---

[4] Reyes, Paulo. *Projeto por cenários: o território em foco.* Porto Alegre: Editora Sulina, 2015.

[5] Reyes, Paulo. *Projeto por cenários:* uma narrativa da diferença. XVI Enanpur. Belo Horizonte: Anpur, 2015.

como sair dessa lógica resolutiva e de eficiência que tem o projeto. Como avançar em um conhecimento de projeto mais livre dessas "amarras" da realidade do mercado imobiliário?

Essas duas questões instalaram em mim um fluxo de raciocínio: estamos aqui, então, entre a existência ou não do projeto – projeto como um "ser" e projeto como um "não-ser". Como "ser", derivado do questionamento dele, posiciona o projeto no saber-fazer. O "não-ser", derivado do questionamento dela, localiza no pensar-fazer.

Localizar o projeto pelo seu saber-fazer é estudar os procedimentos e metodologias que sustentam um saber técnico. Saber esse que permite que o projeto saia da sua fase de esboço para a de sua realização como obra construída. O saber-fazer é a base da formação profissional. Ou seja, é aquilo que permitirá ao arquiteto se constituir como profissional da arquitetura e urbanismo para atender de maneira eficiente as demandas sociais e do mercado imobiliário. O saber-fazer é da ordem instrumental.

O pensar-fazer, ao contrário, suspende essa dimensão resolutiva e põe o foco na crítica aos procedimentos, pensando o projeto para além da sua realidade técnica e instrumental, instalando uma dimensão política. Nesse sentido, seria uma espécie de filosofia da arquitetura e urbanismo mais do que a instrumentalização de formação profissional.

É óbvio que as duas abordagens não se excluem. Pelo contrário, elas se sustentam. No entanto, é possível focar e mergulhar mais em uma delas. Esta é a minha intenção: suspender ou retirar de cena um certo valor resolutivo que o ensino de projeto em arquitetura e urbanismo tem e avançar com uma crítica a um tipo de pensamento de projeto, principalmente em urbanismo. Sem julgamento de valor sobre essas diferenças de posição, inclino-me ao pensar-fazer.

Deslocar o projeto de um saber-fazer para um pensar-fazer significa deslocá-lo de uma perspectiva "realizável", que surge na técnica, para uma crítica política naquilo que nele aparece como "possível". Aqui cabe uma ressalva: não tenho a pretensão de discorrer sobre a técnica em si, mas sobre sua face "realizável", ou seja, sobre aquilo que pautado pela execução do que deve ser realizado esconde processos conflitivos e dessemelhantes. A intenção é deslocar o ponto de observação para o ato de "rasgadura" dessa narrativa discursiva que é da ordem da eficiência e do realizável. Estou menos preocupado com essa dimensão do realizável do saber-fazer e mais com a dimensão do possível presente no pensar-fazer.

Cabe aqui ainda outra ressalva: não é que eu abdique dos valores técnicos e suas derivações em procedimentos e metodologias, mas pensar o projeto em urbanismo como um processo aberto que inclua as diferenças, a meu ver, só é possível se suspendermos o sentido de projeto como resolução – sentido esse excessivamente atrelado a uma lógica de mercado que opera por noções de eficiência e resultado. Nesta acepção, este livro não é um manual de projeto em urbanismo. Portanto, não ensina nem se ocupa com um saber-fazer; pelo contrário, em vez de produzir certezas, impõe dúvidas e reflexões sempre abertas ao debate expresso por um pensar-fazer.

A narrativa que se instala aqui tem como expressão o ensaio. A opção pelo genero ensaio é menos uma decisão sobre estilo de escrita e mais uma posição. Explico. O ensaio melhor se adequa como modelo estruturador do texto porque não tenho a menor pretensão de realizar demonstrações científicas, encontrar padrões ou elaborar uma busca sistemática e metódica. Pelo contrário, a minha tentativa é a de "rasgar" um sentido excessivo dado ao lugar da técnica na concepção de projeto.

Max Bense, em "O ensaio e sua prosa" na *Revista Serrote (número 16, 2014)*, afirma que o ensaio é um tipo de expressão que busca produzir um certo contorno, articulando o pensamento e a ação. Mesmo que o ensaio não se apresente como um construto científico, com todos os pressupostos teóricos deste, ele pode almejar a construção de um outro tipo de "verdade" mais experimental, no sentido de operar por tentativas e erros. Sua escrita é mais leve, no que diz respeito a regras, do que a de uma tese ou de um tratado, mas não menos reflexiva. É por esse caráter reflexivo que aposto neste gênero de texto.

No meu entender, só é possível pensar o projeto de um modo mais amplo, ensaisticamente e no sentido de processo, se o caráter resolutivo e o compromisso com uma resposta eficiente que o projeto carrega forem suspensos. Sendo assim, o ensaio aqui me permite rasgar e distorcer esses sentidos que estão muito conectados com uma lógica de eficiência do capital.

É preciso pensar um projeto naquilo que ele não responde, naquilo em que ele se permite falhar. É preciso levar o projeto ao mundo de Samuel Beckett para habitar o mundo--qualquer, com os quaisquer-outros. Habitar um cotidiano de experiências ordinárias, longe dos holofotes das cidades espetaculares. Pensar o projeto pelas margens. É preciso, acima de tudo, poder errar. Falhar, como diz Beckett, poder falhar. Falhar melhor. Buscar na falha o risco da experimentação.

Falhar no sentido de rasgar as certezas produzidas pela lógica do capital. Falhar com essa lógica. Falhar também é abrir espaço. É abrir buracos num contínuo já há tanto naturalizado. A falha permite olhar pelo vazio e não pelo cheio. Estou a fazer furos, a escavar o projeto.

Portanto, pensar o projeto não por aquilo que se apresenta como referência ou como espetacular, como ser, mas como não-ser, ou seja, pensá-lo por aquilo que se exclui. Pensá-lo por aquilo que está velado, por aquilo que está escondido nas margens. É uma busca muito mais pela ausência do que pela presença. A escolha pelo ensaio me permite operar por esses poros de ausências a fim de encontrar novos sentidos.

É, portanto, na escrita e ao longo desta escrita que o objeto-projeto vai se definindo como um ser em processo. Não estou falando sobre uma operação específica aprendida nas escolas de arquitetura ao longo do mundo como um saber-fazer, mas sobre uma noção de projeto que está para além de uma captura daquilo que possa ser descrito como um procedimento.

Estou a posicionar o projeto como forma de um pensamento duplo: o projeto que produz pensamento sobre a cidade através de uma narrativa e que é simultaneamente pensado – uma metanarrativa. Ou seja, é "do" e "sobre" o projeto que se extrai uma ideia a partir de um conjunto de reflexões que aqui operam pela teoria, pela literatura e, fundamentalmente, pela filosofia.

Não penso ser possível, nem é esse meu objetivo, construir uma teoria do projeto, mas somente deslocar certezas, produzir rasuras, abrir poros. Pensar o projeto de maneira experimental, ensaisticamente, arriscando mais e riscando menos – rasgar algumas certezas. Não se trata de buscar verdades sobre o projeto, mas especulações, experimentações e novos pensamentos. Falar do projeto por meio de um ensaio é avançar por digressões especulativas e não perder de vista uma expressão poética e aberta. É um risco.

O ensaio constrói narrativas mais próximas da ficção do que da realidade, permitindo que o projeto seja pensado a partir desse lugar: o lugar da ficcionalização como potência de um pensamento que nasce liberto das restrições da realidade e, principalmente, de uma realidade pautada pela lógica de mercado. A ficcionalização traz em si a força da resistência.

Ficcionalizar o projeto me permite retirar ou, pelo menos, temporariamente, suspender o caráter resolutivo e realista dele. Falo de um projeto como forma de pensamento e não um projeto que "realiza" a cidade. Posicioná-lo nessa perspectiva é deslocá-lo do ato e reposicioná-lo na potência. É a possibilidade de colocar em jogo algo que ainda está implícito, mas que já carrega em si sua força de resistência. Insisto nisso.

Talvez estejamos próximos daquilo que Agamben entenda ser o papel da obra artística: produzir pensamento ao deslocar sentidos arraigados. Há, portanto, um jogo em curso. Algo que ainda não está totalmente manifesto em ato, mas deve ser explorado, pois já está presente enquanto potência. Pensaremos o projeto assim, nesse lugar: no lugar da potência.

Quando Agamben pensa a obra de arte, ele a posiciona como sendo uma "capacidade de ser desenvolvida, algo que ficou sem ser dito, ou foi intencionalmente assim deixado, e que se trata de saber encontrar e colher"[6]. Portanto, algo que está posto como potência. Esse "não dito" é algo que está presente na obra de arte como "ato de criação" que se manifesta como "ato de resistência". Da mesma forma, penso o projeto como algo aberto, em processo, e que está sempre a resistir às forças do capital.

Agamben recupera parcialmente a noção dada por Deleuze de "ato de criação" como sendo um "ato de resistência". Ressalto que tal resgate é parcial porque Agamben não toma para si exatamente o mesmo sentido dado por Deleuze. Para Agamben, é preciso ir além do sentido de um "resistir" como algo que se manifesta frente a algo externo ameaçador.

A criação, para Agamben, é o próprio "ato poético" no sentido de produzir. Para ele, "a potência que o ato de criação libera deve ser uma potência interna ao próprio ato, como intenso deve ser também o ato de resistência. Só assim a relação entre resistência e criação e entre criação e potência se tornam compreensíveis"[7].

Esse sentido de potência se vincula e se distancia do sentido de ato através de um saber ou uma técnica. Assim estava posto em Aristóteles, segundo Agamben. E esclarece que a potência em Aristóteles "não é a potência genérica, segundo a qual dizemos que uma criança pode tornar-se arquiteto ou escultor, mas a que compete a quem já domina a arte ou o saber correspondente", e, portanto, está vinculada a um sentido de 'ter' a capacidade para executar tal ação[8].

---

[6] Agamben, 2018, p. 60.
[7] Agamben, 2018, p. 62.
[8] Agamben, 2018, p. 63.

Assim, pensar o projeto nesse lugar, como potência, permite ficcionalizá-lo para retirar dele traços de realidade e colocá-lo em outro lugar: menos no saber-fazer e mais no pensar-fazer. Para isso, é preciso imaginar. Como dizia Mario Vargas Llosa no prefácio do livro *El viaje a la ficción*, "imaginar outra vida e compartilhar esse sonho com os outros nunca é, no fundo, uma diversão inocente. Porque alimenta a imaginação e aciona os desejos de tal maneira que amplia a lacuna entre o que somos e o que gostaríamos de ser, entre o que nos é dado e o que é desejado e almejado, que é sempre muito mais. Desse desequilíbrio, daquele abismo entre a verdade de nossas vidas vividas e aquela que somos capazes de fantasiar e viver por mentiras, surge esse outro traço essencial do ser humano que é a inconformidade, insatisfação, rebeldia, a temeridade de desrespeitar a vida como ela é e a vontade de lutar para transformá-la, para que ela se aproxime do que erigimos ao ritmo de nossas fantasias"[9].

Portanto, pensemos o projeto pelo possível e não pelo realizável. Esse deslocamento do realizável para o possível rasga um certo sentido consensual, permitindo a

---

[9] Llosa, 2015, p. 10. ("imaginar otra vida y compartir ese sueño con otros no es nunca, en el fondo, una diversión inocente. Porque ella atiza la imaginación y dispara los deseos de una manera tal que hace crecer la brecha entre lo que somos y lo que nos gustaría ser, entre lo que nos es dado y lo deseado y anhelado, que es siempre mucho más. De ese desajuste, de ese abismo entre la verdad de nuestras vidas vividas y aquella que somos capaces de fantasear y vivir de a mentiras, brota ese otro rasgo esencial de lo humano que es la inconformidad, la insatisfacción, la rebeldía, la temeridad de desacatar la vida tal como es y la voluntad de luchar por transformarla, para que se acerque a aquella que erigimos al compás de nuestras fantasias).”

entrada de outros olhares, distintos daquele do pensamento hegemônico. Ficcionalizar é pensar realidades possíveis e, como dizia Rancière, o real só pode ser pensado se for ficcionalizado. Para ele, "é sempre disso que se trata, tanto nas ficções confessadas da literatura como nas ficções inconfessadas da política, da ciência social ou do jornalismo: construir com frases as formas perceptíveis e pensáveis de um mundo comum, determinando as situações e os atores dessas situações, identificando acontecimentos, estabelecendo entre eles nexos de coexistência ou de sucessão e dando a esses nexos as modalidades do possível, do real ou do necessário"[10].

Nesses tempos difíceis, em que a realidade nos impõe restrições, em que nossos corpos estão contidos e encerrados, submetidos à imobilidade, é mais do que urgente sonhar, desejar novas realidades, realidades possíveis, inventadas, para fazer mover nossa vida presente. Em tempos sombrios, é preciso, sobretudo, resistir! Por isso, é preciso criar, recriar a nossa realidade. É preciso projetar sonhos e sonhar projetos.

Projetar sonhos não significa fugir da realidade como um ser alienado, mas produzir novos pensamentos e alternativas para essa mesma realidade, de maneira eticamente comprometida. A ficção é a possibilidade de ampliação da própria existência, tomando a realidade a partir de movimentos de abreviação, aumento ou culminação, nos diz Ricouer.

Opera-se, então, o projeto sem projetar, sem a realidade do realizável, para produzir espaço de pensamento a

---

[10] Rancière, 2019, p. 12.

fim de valorizar o processo como constituidor de sentidos. Pensar o projeto a partir da conjunção "se", focando nas condições de sua existência, não nas condições impostas pelo capital, mas nas condições do vivido, do possível e, acima de tudo, do desejado. Como dizia Bartleby: "preferiria não". Preferiria não pensar pela lógica do capital, para poder instalar no processo de projeto as condições do possível. Preferiria pensar o projeto pelo futuro do pretérito. Ou seja, naquele tempo em que ainda não se realiza, mas que se sonha – que se sonha vidas em um comum. Localizando, assim, o projeto na potência.

É este caminho que o presente texto percorre: o do projeto localizado mais na potência de um não-ser do que nas resoluções eficientes de um ser. É pensá-lo pela sua face poiética, onde a produção de um ser já está presente no não-ser. É justamente pela poiese que o projeto encontra sua imagem. Uma poiese que se aparta da práxis para instalar uma possibilidade criativa e alternativa a um pensamento hegemônico.

Dessa maneira, a potência se expressa como uma espécie de suspensão do ato, ou seja, há a capacidade para a realização do ato, mas o ato em si fica suspenso temporariamente. "O que está em questão é o modo de ser da potência, que existe na forma da *hexis*, do poder sobre uma privação. Há uma forma, uma presença daquilo que não está em ato, e essa presença privativa é a potência"[11].

Então, a potência existe, mas ainda não se realizou em ato. É a potência de ser e não-ser ao mesmo tempo, e

---
[11] Agamben, 2018, p. 64.

isso carrega em si sempre uma posição ética. Acima de tudo, estamos comprometidos eticamente a pensar o projeto em urbanismo como um processo de enunciação que se configura como narrativa discursiva que, ao rasgar a técnica, inclui um pensamento político. Estamos a pensar o projeto como processo.

Posto isso, rasguemos a dimensão técnica para instalar a dimensão política. Este é o mote deste texto. Percorreremos este caminho da rasgadura da técnica a fim de incorporar a política no processo de projeto. Para que o político rasgue a técnica é preciso, a meu ver, produzir um movimento de radicalização no processo de projeto a partir de três movimentos: uma negativa, uma torção e um espaçamento – a negativa interrompe uma determinada narrativa discursiva; a torção abre o enunciado dessa narrativa discursiva de projeto para a instalação de um dito dialético; e o espaçamento adia o processo a fim de incorporar ao debate outros olhares que estão à margem. Esta é a maneira como farei a rasgadura do projeto.

Para que esses movimentos se efetivassem optei por pensá-los a partir de três obras ficcionais ao longo deste texto: *História do cerco de Lisboa*, de José Saramago, para pensarmos a negativa; *Bartleby, o escrevente. Uma história de Wall Street*, de Herman Melville, para pensarmos a torção; e *Esperando Godot*, de Samuel Beckett, para pensarmos o espaçamento. É justamente a partir desses três movimentos pensados em consonância com a ficção que apostamos em uma possibilidade de sairmos de um "saber-fazer" do projeto e estabelecermos um "pensar-fazer" sobre o mesmo. Este caminho estrutura o argumento deste livro.

O livro se organiza em cinco capítulos: em "[Ensaísmo] produção de uma narrativa", apresento a intenção do livro e a delimitação do problema a ser enfrentado; no capítulo "[Estabilidade] [re] produção do mesmo", o debate é construído como crítica sobre um saber-fazer que está sustentado por uma narrativa discursiva apoiada em uma visão "neutra" da técnica; no capítulo 3, "[Estranhamento] produção do desvio", é elaborada a crítica a esse processo projetual, incluindo à sua dimensão política, o seu pensar-fazer. Esses capítulos surgem como preparação reflexiva e crítica que permite a sustentação de uma narrativa discursiva outra que surgirá no capítulo 4, "[Espaçamento] produção de vazio". É justamente neste capítulo que apresento o que chamo de "radicalização no processo de projeto a partir de três movimentos: uma negativa, uma torção e um espaçamento". Por último, menos como um capítulo conclusivo e mais como o reconhecimento de ramificações que se abrem a partir da narrativa construída ao longo deste texto, apresento outros olhares atrelados ao meu. Nesse capítulo final, "[Esboço] produção da diferença", estamos frente a outras narrativas que estão em andamento a partir de teses e dissertações que tenho orientado.

    É preciso que eu faça uma pequena, mas importante pausa no texto para agradecer. Agradecer ao investimento que ainda temos em pesquisa no Brasil. Agradecer à possibilidade de financiamento da pesquisa, que permite nos retirarmos de um cotidiano de tarefas ordinárias para nos concentrarmos em outro tempo – que é o tempo da pesquisa. Este tempo para pensar o projeto em urbanismo só me foi possível pelo apoio da Coordenação de Aperfeiçoamento de Pessoal de Nível Superior – Brasil (Capes) – Código de

Financiamento 001 (com uma Bolsa de Pesquisa – CAPES PRINT Professor Visitante Sênior no Instituto de Filosofia da Universidade Nova de Lisboa), da Universidade Federal do Rio Grande do Sul e da Universidade Nova de Lisboa.

Não posso deixar de agradecer, imensamente, aos meus colegas do Departamento de Urbanismo da Faculdade de Arquitetura da UFRGS, que me permitiram estar aqui durante este período. Também agradeço a Nélio Conceição, à Maria Filomena Molder e ao grupo de pesquisa do Instituto de Filosofia da Universidade Nova de Lisboa (IFILNOVA) no âmbito do projeto "Fragmentação e reconfiguração: a experiência da cidade entre arte e filosofia" pelas boas trocas intelectuais e pelo acolhimento na filosofia durante esse período de pós-doutoramento e, ainda, a Dirk Hennrich, da Universidade de Lisboa, pelas conversas filosóficas que muito contribuíram para este texto. Agradeço à Ana Elísia da Costa pela parceria no cotidiano em Lisboa. Agradeço também à minha eterna mestra Ione Bentz pelo compartilhamento de ideias e pela interlocução sempre atenta e generosa. Da mesma forma, agradeço ao meu parceiro de percurso de ensino Bruno Mello pela leitura atenta e por suas contribuições sempre muito relevantes para este texto. Agradeço a equipe do meu grupo de pesquisa POIESE Laboratório de Política e Estética Urbanas pelas trocas e pela possibilidade de crescimento juntos. Por último, mas não menos importante, agradeço ao Otávio por me acompanhar, mesmo de longe, sempre perto, neste sonho realizado.

2
[ESTABILIDADE]
[re] produção do mesmo

Inicio este texto a pensar o projeto em urbanismo como um processo de enunciação que implica a presença do sujeito, elemento central na compreensão da narrativa como narrativa discursiva. Assim, uma narrativa discursiva sobre a cidade considera não apenas o texto que a representa, mas a presença dos sujeitos históricos e de seus contextos, os quais a configuram.

A narrativa sempre conta uma história, uma experiência narrada com os outros. Nessa experiência como realidade discursiva, se reconhece a presença de um narrador. Ele pode ser individual e trazer para a elaboração do texto aquilo que o constitui como coletivo, como sociedade. Daí a transformação do texto em discurso. Pode-se dizer que há uma abertura daí decorrente.

Nesses tempos duros e difíceis, em que nos deparamos com o encerramento em nós mesmos, a narrativa parece ser uma experiência individual. Nos encerramos para o outro e a nossa narrativa muda de lugar. O isolamento e o silêncio, pautam a vida cotidiana. Encerramentos. Portas fechadas, janelas abertas para a rua. Corpos isolados da multidão. A rua passa a ser nosso objeto de desejo. Limites corporais. Ausência do outro, do contato. O tempo parece parar e não nos oferece muita oportunidade de narrar uma experiência com os outros. Se ainda há uma experiência com os outros é pela virtualidade das redes sociais. Mas os corpos estão apartados. Nos tiraram o direito de um toque, de um abraço, de um beijo. Não presenciamos o outro, mas o imaginamos. Somos puro pensamento transitando pelos nossos diferentes tempos. É essa realidade acima descrita que a narrativa discursiva consegue inverter.

Se o tempo presente nos encerra, nos impõe um fechamento, é possível, então, retornar ao passado pela memória ou ir ao futuro pelo imaginário. Fechados para o olhar, os encerramentos abrem para o imaginário, para aquilo que posso produzir como pensamento, seja um pensamento de passado, seja de futuro. Meu corpo transita nessa linha temporal sem movimentar-se.

O projeto opera por essa linha temporal – entre um futuro imaginário, aquilo que se enunciará como possível, e os cacos do passado que insistem em retornar. Faço esses dois movimentos: retorno aos meus escritos para pensar novos sentidos de projeto ao mesmo tempo em que realizo uma operação em um futuro imaginário. Esses dois movimentos do fazer – o que se enunciará entre o passado e o futuro – inscrevem o sujeito na narrativa e permitem entender o projeto como narrativa discursiva. Essa temporalidade é parte da constituição do sujeito contextualizado e materializado na narrativa discursiva. É também uma enunciação como processo que opera nesse contexto. Portanto, sujeito e contexto da enunciação correspondem ao processo de projeto.

Pensemos o tempo futuro. O projeto exige esse tempo. Ele habita essa necessidade de mudança em um tempo outro, à frente. Um futuro como promessa que se instala em um "será", um futuro do presente. É da natureza do projeto esse lançamento, esse ser-projétil, esse estar sempre mirando à frente. Algo tomará existência, mesmo que se apresente ainda como promessa. Atualmente vivemos de maneira a ver essa promessa de futuro como algo suspenso em um eterno presente. O tempo parece não passar.

Seguem os aviões a me marcarem o tempo. Meu pensamento retorna ao projeto e ao que venho escrevendo sobre este ao me obrigar a olhar os cacos. Retorno a eles. Retorno a esses pensamentos sobre projeto e os aproximo da ideia de narrativa[12].

A narrativa se expressa dentro de um contexto de enunciação. É nesse âmbito que penso o projeto em urbanismo como um processo de enunciação que se configura como narrativa discursiva sobre a cidade. Ou seja, há um sujeito ou sujeitos implicados nesse processo. Há também a produção de um olhar e um destino que se enunciará. Em decorrência da pluralidade dos sujeitos, se estabelece a intersubjetividade como algo relevante, dado, sobretudo, o traço colaborativo que vem marcando a cultura de projeto contemporânea.

---

[12] Esta noção de projeto como narrativa surge para mim em 2015 no XVI Enanpur, ainda de maneira incipiente; mais recentemente, em 2020, em parceria com Daniele Caron e Daniela Cidade, ganhou centralidade no texto "O projeto narra". Este texto faz parte, no formato de capítulo, do livro *Nebulosas do Pensamento Urbanístico: tomo III – modos de narrar*, organizado por Paola Berenstein Jacques, Margareth da Silva Pereira e Josianne Francia Cerasoli, no ano de 2020.

Tal narrativa carrega em si traços de um passado que se faz memória ao mesmo tempo em que mira para um futuro pela espera. A narrativa fala de algo para alguém. Há nela uma "estrutura de endereçamento", como bem nos fala Judith Butler[13]. No caso do projeto, o falar para o outro se expressa como uma promessa de um por vir. Algo que existe ainda (pelo menos, num primeiro momento) só enquanto pensamento, mas que se endereça de um Outro a um Outro qualquer, ou de uns a uns outros, de modo a expressar a subjetividade ou a intersubjetividade.

Não é possível falar em narrativa sem revisitar a linguística. Habitamos o campo da língua. Aquilo que nos aparece como pensamento no espírito, na estrutura psíquica, é um conteúdo que será formalizado a partir de um processo de enunciação, nos lembra Èmile Benveniste em *Problemas de linguística geral*. Não há como percebê-lo antes dessa formalização, a não ser como intencionalidade e como expressão da e na língua. "A *língua* é instrumento de um discurso no qual a personalidade do sujeito se liberta e se cria, atinge o outro e se faz conhecer por ele. Ora, a língua é uma *estrutura socializada*, que a palavra sujeita a fins individuais e intersubjetivos, juntando-lhe assim um perfil novo e estritamente pessoal. A língua é um sistema comum a todos; o *discurso* é ao mesmo tempo portador de uma mensagem e instrumento de ação. Nesse sentido, as configurações da palavra são cada vez únicas, embora se realizem no interior – e por intermédio – da *linguagem*"[14]. Deve-se a Benveniste a

---

[13] Butler, 2019a.
[14] Benveniste, 1976, p. 84.

agregação do sujeito à compreensão de texto como discurso. A partir dessa compreensão, toda referência à narrativa, narração, narrado e seus correlatos está orientada para essa proposta de enunciação, processo que compreende sua relação com o enunciado, resultado significativo do processo.

Pensemos o projeto como esse processo de enunciação que se configura como narrativa discursiva que, ao carregar uma mensagem, produz uma mudança e, portanto, age. A partir de um locutor (o projetista) e um alocutário (ou qualquer outro a quem o projeto se destina), o projeto se instala como narrativa discursiva pela enunciação. E essa enunciação é um ato de utilização da língua, posta em movimento por um indivíduo na perspectiva de que tal ato se expresse como uma narrativa discursiva, afirma Benveniste. Para ele, "enquanto realização individual, a enunciação pode se definir, em relação à língua, como um processo de *apropriação*. O locutor se apropria do aparelho formal da língua e enuncia sua posição de locutor por meio de índices específicos, de um lado, e por meio de procedimentos acessórios, de outro"[15]. A enunciação dá condições de que a narrativa discursiva se configure no tempo.

Avancemos sobre a configuração da narrativa a partir de Paul Ricouer. Ricouer, no livro *Tempo e Narrativa*, apresenta suas bases conceituais articulando esses dois termos que dão título à sua obra. Ele diz que o mundo narrado é sempre um mundo temporal. E este tempo só pode ser considerado um tempo humano no momento em que expressa uma articulação narrativa e que essa narrativa puder ser to-

---

[15] Benveniste, 1989, p. 84.

mada como uma experiência de tempo. É a partir da noção de tempo em Santo Agostinho, nas Confissões, e da noção de intriga em Aristóteles, na Poética, que Ricouer constrói seu argumento.

Para Santo Agostinho, na leitura de Ricouer, a experiência pauta um sentido de presente que pode ser pensado como de transição, de passagem, como um fluxo contínuo. Por isso a experiência é sempre temporal. "Não o futuro que não é, não o passado que não é mais, nem o presente que não tem extensão, mas "os tempos que passam". É na própria passagem, no trânsito, que é preciso buscar ao mesmo tempo a *multiplicidade* do presente e seu *dilaceramento*"[16].

Futuro e passado não são tomados em si, mas como "qualidades temporais do presente", funcionando como operações de previsão como espera e de narração como memória. Em Santo Agostinho, o presente é um presente ampliado, expresso pelo presente do passado, pelo presente do presente e pelo presente do futuro, que correspondem respectivamente à memória, à percepção e à espera. Portanto, a noção de tempo em Santo Agostinho, recuperada por Ricouer, é aquela que escapa a uma ideia do eterno e posiciona o tempo na dimensão do humano, em um corpo situado, um corpo como marca de um presente.

No capítulo 2 do tomo 1 de *Tempo e Narrativa*, Ricouer retoma o pensamento exposto na *Poética* de Aristóteles, salientando dois aspectos: a ideia de "tessitura da intriga" (muthos) e a ideia de "atividade mimética" (mímese). O par muthos-mímese deve ser tomado como operações e não como estruturas, estabelecendo, assim, o foco na dinâmica

---

[16] Ricouer, 1994, p. 35.

da representação e não na representação em si. Ricouer está interessado menos no "modo" como a narrativa se estrutura pela perspectiva do autor e mais no "objeto" em si da narrativa, ou seja, no agenciamento dos fatos, pensando a intriga como "composição" e a mímese como "processo ativo" de representar.

O que Ricouer faz é trazer para a estrutura da narrativa aristotélica a dimensão temporal de Santo Agostinho. Com isso, ele estrutura uma narrativa histórica da experiência humana, ou seja, por um lado, só é possível pensar o tempo como algo pertencendo ao humano se esse for visto de maneira narrativa, e, por outro lado, a narrativa se constitui como algo que produz significado quando se apresenta como condição dessa existência temporal.

A partir disso, Ricouer divide a mímese aristotélica em três momentos: mímese I (prefiguração), mímese II (configuração) e mímese III (refiguração), considerando a mímese II o pivô da análise, por essa permitir a abertura e a interrupção da composição poética.

A mímese I se refere às condições contextuais pré-narrativas relacionadas à vida propriamente dita e anterior às formas literárias e está relacionada a um cotidiano e suas histórias de vida ordinária na sua dimensão coletiva; a mímese II é a narrativa propriamente dita, configurada fora do âmbito da vida cotidiana e dentro das formas literárias, relacionando seus códigos de inteligibilidade a fim de construir uma intriga ou um enredo com princípio, meio e fim; e a mímese III é a leitura e interpretação da narrativa, sendo o retorno ao mundo do leitor. Portanto, a configuração (literária) faz a mediação entre a prefiguração (vida) e a refiguração (recepção).

A intriga, para Ricouer, tem um papel de mediação por três motivos: media os acontecimentos e a própria história (é o elo que, ao amarrar acontecimentos isolados, vai dando sentido a uma história); compõe com fatores heterogêneos e tem uma extensão mais vasta, que inclui incidentes de diversas ordens; constrói uma dinâmica temporal, compondo o cronológico e o não-cronológico. Por cronológico, Ricouer entende a dimensão episódica da narrativa, constituída por acontecimentos; e por não-cronológico, a dimensão configurante, ou seja, aquilo que faz com que os acontecimentos possam ser vistos como história.

Ao aproximar essa discussão do projeto é possível pensar que "a espiral das mímeses nos permite entrever o projeto como narração, desde uma temporalidade em ato, que reside nos gestos cotidianos repletos de sentidos e significados, até a criação da arquitetura propriamente dita com suas múltiplas leituras e críticas. Essas mímeses 'formalizam' uma matéria que se apresenta aberta, dispersa, à espera de um narrador. Posicionar o projeto nesse lugar é pensar nos modos como o arquiteto formaliza um sentido ou uma história a ser narrada"[17]. Essa espera do narrador na perspectiva do discurso se apresenta no dito e no não dito, o que permite falar de narrativa discursiva.

    O projeto, então, é visto aqui como um processo de enunciação que opera dentro desse tríplice presente, como compreendido por Santo Agostinho: espera (presente do futuro) – previsão; memória (presente do passado) – narração; atenção, intuição (presente do presente).

---

[17] Reyes; Caron; Cidade, 2020, p. 259.

As coisas futuras se enunciam a nós como um por vir, mas já existem em um sentido de espera. Assim, não se apresentam como fenômeno perceptível, mas já é possível enunciá-las como esse por vir, nos diz Ricouer. E é justamente nessa presença de um por vir que o projeto se constitui como narrativa discursiva. Portanto, o projeto pode ser essa espera. "A espera é assim, análoga à memória. Consiste numa imagem que já existe no sentido de que precede o evento que ainda não é (*nondum*); mas essa imagem não é uma impressão deixada pelas coisas passadas, mas um 'sinal' e uma 'causa' das coisas futuras que assim são antecipadas, pré-percebidas, anunciadas, preditas, proclamadas antecipadamente (nota-se a riqueza do vocabulário comum da espera)"[18].

O projeto parece se mover estimulado por um presente-futuro – um será. É um processo de representação que, para formalizar uma determinada matéria, se organiza em torno de um enunciado (tempo presente) e uma resposta (tempo futuro), mas isso não ocorre de maneira independente. Há uma problematização posta no presente do presente; uma revisitação no presente do passado; mas, sobretudo, uma promessa de formalização se manifestará em um futuro realizável.

Como narrativa discursiva, o projeto pode ser pensado nesse processo de enunciação balizado por um enunciado, um "dito", e uma resposta a esse enunciado, a qual se formalizará concretamente na cidade. Podemos dizer que é movido por uma promessa de que algo virá a ser e que se constituirá como forma enunciativa, a partir de um enun-

---

[18] Ricouer, 1994, p. 27.

ciado. Sim, o enunciado e a forma enunciativa respondem à narrativa discursiva.

O enunciado é, portanto, o disparador da narrativa discursiva no processo de projeto. Há um dito que dispara, por um lado, um olhar na direção de um passado, buscando o entendimento de uma realidade que se apresenta acumulada de histórias e, por vezes, confusa; por outro lado, um olhar para um futuro que se pretende realizado e organizado, com novos sentidos e, por vezes, idealizado. Esse enunciado situa-se como um corpo no presente-presente, produzindo um duplo olhar de sujeitos ou sujeitos: ao presente-passado e ao presente-futuro.

Retomando Ricouer, estamos aqui operando pelas três mímeses: prefiguração (recolhendo informações e leituras sobre o lugar); configuração [a elaboração de uma organização da realidade expressa pela formalização do projeto); e refiguração (o projeto transformado em obra e realizado pela experiência vivida).

Concentremo-nos na configuração, ou seja, no ato de organizar a realidade pelo projeto, para pensarmos em como ocorrem suas práticas e seus procedimentos narrativos. Apesar de o projeto estar vinculado às três figurações, é na configuração que a realidade começa a tomar uma forma "organizada" para o arquiteto, expressa pela figura do projeto. É justamente por essa "organização" da enunciação que pretendo iniciar a minha crítica ao projeto em urbanismo.

De uma maneira talvez um tanto simplificada, é possível pensar que a enunciação do projeto se configura como uma narrativa discursiva entre dois tempos. A esses dois tempos que balizam o processo de projeto, eu nomeio de um "ainda-não" – uma promessa – e um "eis-então" – o resultado propriamente dito, formalizado e tornado visível. O ainda-não habita o presente enquanto promessa de um por vir; e o eis-então, o futuro realizável.

O ainda-não é esse tempo da espera, em que o projeto é só potência. Nesse tempo o projeto não tem realidade concreta alguma. O tempo do eis-então, ao contrário, é o do projeto visível – eis ele aqui, concretamente resolvido e tornado obra. É sua plenitude. O eis-então se expressa como um ato realizável e é formalizado conforme afins, ou seja, responde a uma finalidade.

O ainda-não e o eis-então configuram-se como uma linha temporal que situará o projeto como um processo de figuração entre uma potência e uma realização; sua indissociabilidade os habilita a serem espaços de produção discursiva. Enquanto não produz matéria visível e puder vir a habitar o mundo do eis-então (o mundo das materialidades sensíveis e visíveis da cidade), o projeto é um ainda-não, um não-ser que habita o mundo da língua como possível processo discursivo.

Pensemos, por enquanto, o projeto como essa linha temporal que se destina à realização. Habitemos, provisoriamente, o tempo do eis-então. Tomemo-lo na sua perspectiva técnica.

A narrativa projetual, que mira e se organiza pela resolução técnica como finalização de um processo de enunciação e que se expressa como uma designação de um saber-fazer, pode ser lida a partir de alguns valores. Valores esses transformados em procedimentos técnicos, os quais parecem construir uma narrativa que tem, na figura do arquiteto, um enunciador "neutro" e, no território, um valor essencial. A chegada aqui de um enunciador "neutro", caracterização a ser discutida, já promove a passagem de narrativa projetual à narrativa projetual discursiva.

Mesmo correndo o risco de produzir aqui uma simplificação do problema, acho importante evidenciar a maneira como determinadas noções no campo da arquitetura são "naturalizadas e normatizadas", tornando a sua aplicação um constituinte de um saber-fazer expresso por determinados procedimentos que excluem da compreensão do território a sua dimensão política.

Pensemos o *genius loci*[19] como uma espécie de espírito do lugar. Um primeiro sentido que me vem à mente parece ser aquele que remete ao valor que é dado a um lugar pela sua história – diferentes camadas temporais que vão se acumulando e se sobrepondo em um determinado território a ponto de constituí-lo como significativo e socialmente compartilhado. É um território tornado lugar pelo acúmulo de histórias que ali produzem um comum.

A ideia de *genius loci* ganhou centralidade no campo da arquitetura e do urbanismo a partir do norueguês Christian Norberg-Schulz, como expressão de vivências historicamente definidas. Nas suas palavras, "o *genius loci* é um conceito romano. Segundo uma antiga crença romana cada ser independente tem seu gênio, seu espírito guardião. Esse espírito dá vida às pessoas e aos lugares, os acompanha desde o nascimento até a morte, e determina o seu caráter ou essência. [...] O gênio indica, assim, que uma coisa

---

[19] Este tema foi originalmente exposto em Reyes, Paulo. Projeto entre desígnio e desvio. In: Paese, Celma; Kiefer, Marcelo. (Orgs.). *Poéticas do Lugar*. 1ª ed. Porto Alegre: UFRGS, v. 3, p. 86-103, 2016.

é, ou o que 'quer ser' [...]"[20]. Para Christian Norberg-Schulz, o propósito do arquiteto é a construção de lugares com valores significativos a fim de possibilitar melhores condições de habitabilidade; e o propósito da arquitetura como campo é tornar visível o *genius loci*. Esse *genuis loci* possibilita uma aproximação com a noção de discurso, pois traz a importância das vivências historicamente definidas, que só podem ser trazidas pelos sujeitos do discurso.

Essa espécie de força do lugar produz um sentido de identidade que vincula um indivíduo ao seu território. Esse conceito no debate arquitetônico foi relevante como expressão de uma crítica ao modelo racionalista moderno que fazia dos territórios tábula rasa – paisagens transformadas por uma lógica racional de redesenho centrada em valores universais, em que aspectos históricos e culturais eram desconsiderados.

Esse assunto ainda ecoa em diferentes campos disciplinares e tem muita relevância no pensamento de Luisa Bonesio. Ela centra seus estudos sobre o valor da conservação da paisagem como lugar identitário e único a partir de uma abordagem "geofilosófica". É importante "reconhecer a incessante transformação, que pode legitimamente servir-se da ideia fisionômica para aludir à manifestação sempre singular do *genius loci*, ao modo coerente, mas sempre renovado de se manter de acordo com o caráter do lugar que uma cultura escolhe evidenciar"[21].

---

[20] Norberg-Schulz, 1980, p. 18.
[21] Bonesio, 2011, p. 454.

Na mesma direção, Adriana Serrão, um dos principais nomes da filosofia da paisagem, considera que "um traço fundamental da geofilosofia é o recurso a uma concepção dinâmica do lugar, guiando a procura por um *genius loci* latente, constituído pela convivialidade prolongada entre o meio físico e a presença humana"[22].

Valores identitários a serem conservados como uma expressão de um espírito do lugar aparecem também nos escritos do geógrafo Eugenio Turri, na forma dos iconemas. O iconema é uma "unidade elementar de percepção, como signo no interior de um conjunto orgânico de signos, como sinédoque, como parte que exprime o todo, ou que o exprime com uma função hierárquica primária, seja enquanto elemento que, melhor que outros, encarna o *genius loci* de um território, seja enquanto referência visual de forte carga semântica da relação cultural que uma sociedade estabelece com o próprio território"[23]. Turri acredita que o iconema como *genius loci* possa ser tomado como um "objeto sagrado", servindo de referência aos processos de planejamento.

Pensemos a consequência dessas formulações para a narrativa discursiva posta no e pelo projeto. O discurso sobre a "essência do lugar", o *genius loci*, parece ser de difícil operação e, portanto, sujeito a apropriações indevidas. Se daí decorrem apropriações indevidas não é relevante para perturbar sua classificação como discurso, uma vez que não é esse o elemento que o marca. Quando o *genius loci* é tomado como reconhecimento de valores sociais que estão his-

---

[22] Serrão, 2011, p. 442.
[23] Turri, 2011, p. 178.

toricamente consolidados, ele funciona como uma espécie de conceito organizador de uma cultura local socialmente determinada. Isso seria desejável se o reconhecimento desses valores estivesse garantido como um pensamento local sobre sua própria história. No entanto, quando esse discurso é apropriado pelo capital ou por um discurso técnico de inovação, a fim de encontrar uma atualização moderna desses valores históricos, temos aí o problema da descaracterização da história local. É preciso destacar que o termo discurso não é usado genericamente, mas pontualmente, ou seja, no "discurso apropriado pelo capital". Por exemplo, o capital é o sujeito enunciador, mesmo sendo uma categoria de extrato social. Do mesmo modo, Turri é sujeito do discurso que ele enuncia.

Esse problema de quem define e como define esses valores aparece no discurso de Eugenio Turri. Ele pensa o *genius loci* a partir de uma leitura da paisagem que, por sua vez, deve estar atrelada às conexões históricas, mas reconhece a dificuldade dessa questão. "Uma tal visão de paisagem subentende uma política de proteção e de intervenções que se fie na boa consciência dos cidadãos, afirma Turri". E se pergunta: "quem se deve encarregar de tutelar, de se fazer mediador das instâncias de salvaguarda e de transformação?"[24].

Essa dúvida de Turri não é descabida quando vemos a posição de Luisa Bonesio. Ela considera que "amiúde os sujeitos mais sensíveis às razões da identidade cultural e paisagística de um lugar provêm do exterior, e é exatamente

---

[24] Turri, 2011, p. 182.

a distância crítica que permite compreender, melhor do que os habitantes estabelecidos há muito tempo, a direção dos atos territorializantes capazes de valorizar o lugar"[25].

A ideia de que há um saber que está para além da vivência do lugar é muito questionável, tendo em mente todos os processos de gentrificação que ocorrem em áreas históricas em nome desse saber técnico que vem carregado de "inovações", apoiado em imagens globalmente consagradas.

Essa posição de Bonesio baseia-se em uma fala de Magnaghi. Recupero aqui o texto dele em *Il progetto locale*, destacado por Bonesio: "se o desenvolvimento local é uma modalidade de interpretação do território para reconhecer e tratar os seus valores no projeto de transformação, de modo a incrementar o seu patrimônio, é evidente que não pode haver uma identificação apriorística entre desenvolvimento local e locais, os habitantes históricos do lugar. Frequentemente o 'localismo vândalo', ou seja, os atos destrutivos para com o patrimônio, é praticado precisamente pelas populações locais colonizadas por modelos culturais de modernização provenientes da metrópole"[26].

Pensar que os locais são influenciados por valores e modelos culturais de modernização e que os profissionais não o são é por um lado, recair no domínio do conhecimento científico sobre o conhecimento oriundo das vivências e experiências locais. Por outro lado, é considerar que os próprios profissionais não estão contaminados por esse discurso de novos modelos culturais, modelos que não deixam de ser narrativas discursivas.

---

[25] Bonesio, 2011, p. 455.
[26] Magnaghi *apud* Bonesio, 2011, p. 455.

Essa concepção de *genius loci* como um valor que recupera camadas de significado do lugar, reconhecendo seu valor histórico e social, impõe ao pensamento projetual a ideia de que possa haver uma certa determinação territorial sobre a ação do arquiteto. Ou seja, se o valor está no território, parece bastar ao projetista reconhecê-lo através de uma leitura técnica apoiada em um saber-fazer. Essa perspectiva hermenêutica de interpretação do lugar dá ao arquiteto uma responsabilidade imensa e impõe a ele uma certa neutralidade ideológica mascarada por uma narrativa técnica.

Pensemos, então, essa narrativa discursiva da técnica[27]. O discurso técnico, o do saber-fazer, posiciona o projetista em uma situação de isenção em relação àquilo com que ele se depara. Amparado por uma racionalidade científica e técnica, é como se ele não precisasse tomar posição frente a um território em conflito. Mergulhado em um *modus operandi* da eficiência acima do bem e do mal, o arquiteto com essa posição técnica responde a um problema posto, cientificamente posto.

Essa postura apoia-se em uma crença de que o território é um ser vivo que tem sua própria lógica de funcionamento. Tal postura técnica vem carregada metaforicamente de um discurso das ciências médicas, entrecruzado por noções de organismo biológico como algo que tem vida e tem sua própria funcionalidade como um moto-contínuo. Se algo funciona por si, quase automaticamente, é "natural" que o projetista também funcione como uma peça nessa

---

[27] Esta questão da narrativa técnica foi posta em Reyes, Paulo. *Projeto por cenários: uma narrativa da diferença*. XVI Enanpur. Belo Horizonte: Anpur, 2015.

engrenagem. Ele é um operador. Sobretudo, um operador técnico-científico.

É muito comum nos depararmos com um linguajar que utiliza expressões como "coração", para significar o centro da cidade como uma área vibrante e dinâmica; "tecido" urbano, para descrever as diferentes formas que compõem a cidade; "artérias", para descrever o sistema de vias que organizam o movimento e o fluxo na cidade; dentre outras. Esse conjunto de expressões toma a cidade como um organismo vivo que tem em si a sua própria dinâmica e parece constituir um discurso científico e técnico sobre ela.

Isso implica pensar a cidade pela sua funcionalidade, ou seja, a cidade deve funcionar e, se isso não ocorrer, cabe ao arquiteto "corrigir" erros de percurso. Essa correção também utiliza outro termo médico: o diagnóstico. Sim, o arquiteto tem esse "poder" de diagnosticar o estado de doença em que a cidade se encontra, afinal de contas, ele vai "revitalizar" a área. Todo o teor desse discurso é oriundo de uma visão de mundo apoiada em um paradigma técnico--científico – um discurso de isenção. Pois, se o lugar tem uma essência como valor histórico, basta ao arquiteto reconhecer esse valor.

Abre-se, com a oportunidade de trabalhar outra tipologia, essa de natureza semântica, de tom político, a que se agregaria o discurso disciplinar, o discurso de controle. Esses discursos estão sugeridos pela reflexão que segue.

A ideia de revitalizar áreas degradadas ou "mortas" também vem carregada de um pensamento que entende a lógica da cidade como uma lógica não só funcionalista, mas, sobretudo, que vê a cidade como um lugar que deve gerar vitalidade ao capital. Portanto, revitalizar é, nesse sentido, recuperar a dinâmica econômica de parte da cidade, e esse tipo de dinâmica nunca é da ordem do social.

O projeto, nessa perspectiva técnica, é visto como uma representação fidedigna da realidade, e o projetista apenas "corrige" o mau funcionamento desta. Há nisso um valor absoluto em relação ao lugar, que retira o arquiteto de um processo de subjetivação. Este parece não estar sujeito a nada a não ser às forças do lugar. É como se não existissem forças econômicas e pressões operando sobre o social no território. Considerar como evidente um certo valor absoluto do espírito do lugar é posicionar o arquiteto no processo de projeto como um profissional simplesmente técnico e competente e, acima de tudo, neutro.

A legitimidade desse discurso técnico-científico se sustenta em um saber-fazer que está presente e que se organiza enquanto ordem de um discurso disciplinar. A própria disciplina da arquitetura e urbanismo funciona como um saber que tem por função restritiva e coercitiva outros discursos fora do campo. Retomando Foucault em *Ordem do discurso*, compreendemos que "a disciplina é um princípio de controle da produção do discurso. Ela lhe fixa os limites pelo jogo de uma identidade que tem a forma de uma reatualização permanente das regras"[28].

O que está em questão aqui? O problema é que, nessa ordem disciplinar, a dimensão política, que é a base da distribuição social no território, fica mascarada. Se esse saber-fazer é necessário na estruturação do campo disciplinar, não é suficiente, pois é fundamental inserir a dimensão

---

[28] Foucault, 2014, p. 34.

política nesse contexto. Operar por fora da dimensão política, é tomar a ocupação e a distribuição social no território como algo que não apresenta disputas e sobre o qual o capital não tem o mínimo gerenciamento. Essa questão é amplamente discutida no campo do planejamento urbano e da própria arquitetura e urbanismo, mas, às vezes, parece sumir do discurso do projeto quando este é visto como um procedimento exclusivamente técnico-científico.

Nessa perspectiva do projeto como um processo de enunciação que se configura como um discurso narrativo de caráter técnico, as imagens têm um forte papel na sua formatação. Podemos falar aqui em um discurso imagético. Nele o arquiteto opera com imagens na figuração do projeto em si. Pensemos, então, o papel das referências arquitetônicas[29] na consolidação desse processo.

Quando pensamos o projeto como um processo de enunciação, devemos pensar no elemento disparador dessa narrativa discursiva: o enunciado, ou seja, o dito da enunciação. Algo é dito, e isso dispara o processo de projeto.

O enunciado do projeto produz uma imagem. Essa imagem é ainda uma imagem fraca. Funciona como uma imagem de espera por algo que ganhará visibilidade. Como dizia Ricouer, essa imagem de espera funciona menos como

---

[29] Esta questão foi desenvolvida em: Reyes, Paulo. A imagem fraturada a favor de um projeto como processo. In: V ENANPARQ. *Arquitetura e Urbanismo no Brasil atual: crises, impasses e desafios.* Salvador: FAUFBA, v. 02, p. 5149-5162, 2018.
Reyes, Paulo. The role of images in urban design thinking. In: Constantino Pereira Martins; Pedro Magalhães. (Org.). *Politics and Image.* 01ed. Coimbra: Universidade de Coimbra, v. 01, p. 150-167, 2019.

impressão deixada pelo passado e mais como um sinal de um por vir, daquilo que é pré-percebido e enunciado. Por exemplo, quando o enunciado se apresenta como "revitalizar uma antiga área portuária", rapidamente esse dito nos traz à mente imagens do que seja uma área portuária, do que seja uma revitalização nesse lugar. Essa imagem habita um campo das imagens que já está recortado pelas palavras "revitalizar" e "portuária". Vem aí carregada de significado dentro de um discurso do campo da arquitetura e do urbanismo que já está consagrado e reconhecido como valor.

Essas palavras que compõem o dito do enunciado têm força e ajudam a selecionar entre um infinito de imagens a "nova imagem" que balizará o construto imagético. Essa nova imagem, apesar de ser ainda muito incipiente, por vezes nebulosa, tem uma forte capacidade de apreensão. Ela habita o nosso universo mental e ainda não tem materialidade no campo do visível. Mas, mesmo assim, ela tem força de nortear o processo. Essa imagem nomeio de imagem-primeira.

O processo de projeto é, por princípio, um processo de angústia. "É a angústia de olhar o fundo – o *lugar* – do que me olha, a angústia de ser lançado à questão de saber (na verdade de não saber)", nos diz Didi-Huberman[30]. Frente à folha em branco, buscamos algo que produza um sentido inicial de projeto. É nesse âmbito que a imagem-primeira funciona. E funciona como um apaziguador da angústia. Ela será o motor do processo discursivo imagético, operando como uma imagem ideal. Podemos pensá-la como uma imagem-narcísica.

---

[30] Didi-Huberman, 1998, p. 38.

O mito de Narciso tem sido há muito tempo explorado pela psicanálise; aqui é simplesmente tomado como metáfora daquilo que produz um espelhamento. Ficamos presos nessa reflexão produzida pela imagem-primeira, tal como Narciso.

Esse movimento disparado pela imagem-primeira é o de busca de algum sentido para o projeto. Ela produz movimento criativo e, a partir disso, busca no mundo das imagens aquelas que respondem à similitude da imagem-narcísica. A essas imagens que se agregam ao processo chamo de imagens-segundas. Elas entram no processo de projeto com a tarefa de dar mais nitidez e concretude à imagem--primeira.

Essas imagens são conhecidas no campo da arquitetura como "referências arquitetônicas" e têm como função oferecer mais clareza à imagem de projeto. Tal processo de formalização se organiza por movimentos de analogia a partir da imagem-narcísica, produzindo um pensamento do igual e da replicação e, consequentemente, mantendo um mesmo *status quo* consensual.

Qual é o problema aqui? Esse processo de escolha das imagens por espelhamento com a imagem-narcísica produz um campo semântico do igual. Com isso quero dizer que, dentre as tantas imagens possíveis, são escolhidas somente aquelas que se assemelham à imagem-primeira – aquelas que já estão consagradas como excelentes exemplos de projetos de sucesso. Portanto, as imagens escolhidas são aquelas que melhor respondem ao enunciado pretendido, ou seja, as que já são valorizadas e reconhecidas como "boa arquitetura". Isso resulta no reforço do mesmo e em uma certa estabilidade consensual em que as imagens funcionam apaziguando as possíveis divergências. Tais imagens respondem e retroalimentam uma espécie de estrutura de projeto. Podemos pensar essa estrutura como sendo o partido geral[31] do projeto.

O partido geral é uma etapa de projeto que instala sobre o terreno princípios compositivos, ou seja, diretrizes formais que funcionam como algo-que-organiza-uma-forma. Tal organização busca estruturar minimamente a forma que o projeto terá definitivamente e coaduna com a noção de um saber-fazer do arquiteto em relação à sua capacidade de ler o contexto e definir um programa de necessidades, operando a forma de maneira criativa. Essa noção de partido geral tem certa estabilidade conceitual na área da arquitetura como um processo fundamental de leitura e composição do projeto.

Para Martinez (1990), o partido, a fim de organizar a composição, se faz por um esquema geral de princípios e desenho. Em Biselli (2011), o partido é aquela etapa que dá início e estrutura uma forma. Mahfuz (2004) denomina essa etapa de "forma pertinente", organizada a partir de uma visão quaternária: "três condições internas ao problema projetual (programa, lugar e construção) e uma condição externa, o repertório de estruturas formais que fornece os meios de sintetizar na forma as outras três. Essa concepção de partido está consolidada a partir de uma perspectiva de um saber-fazer técnico do arquiteto, vinculado a uma ideia de competência em atribuir valor imagético à área.

---

[31] Este assunto foi desenvolvido em Reyes, Paulo; Giorgi, Raimundo. O partido partido. In: Vasconcellos, Julio; Balem, Tiago. (Orgs.). *Bloco 12: o partido arquitetônico e a cidade*. 1ª ed. Novo Hamburgo: Feevale, v. 12, p. 10-17, 2016.

Qual é a questão que se apresenta aqui? A ideia de um partido geral que se organiza a partir do domínio técnico de um profissional impõe uma visão de totalidade ao projeto, vinculada a uma noção de competência de um especialista. Por outro lado, poderíamos nos perguntar se seria possível operar o projeto por fragmentos, como uma espécie de montagem com diferentes origens. Seria possível pensar um "partido que se parte e que não se organiza"? Essas questões postas aqui de maneira separada não podem ser pensadas isoladamente; elas funcionam como um conjunto em cooperação e serão agora relacionadas de maneira articulada.

O discurso técnico-científico, da isenção de posição política e da competência para definir o *genius loci*, apoia-se fortemente em uma visão de mundo que toma a cidade como um organismo vivo que tem seu próprio funcionamento. Nesse caso, o arquiteto só precisaria saber ler a essência do lugar e revitalizar lugares degradados. Esse discurso do projeto poderia ser assim enunciado: o território tem uma essência, a qual o arquiteto revela a partir de uma posição técnico-científica de um saber-fazer que é neutro e isento. Tal posição permite ao arquiteto buscar no âmbito da cultura arquitetônica imagens consagradas e já testadas pelo mercado e pela academia, as quais servirão como referências ao projeto em si. Todas essas informações se organizarão em uma forma definitiva segundo diretrizes gerais postas pelo partido geral, a fim de dar ao lugar revitalizado uma nova configuração.

Esses valores identificados anteriormente produzem um pensamento que é dominado pela noção de resultado eficiente de um saber-fazer. Para que isso ocorra, fazem-se escolhas, produzindo uma certa estabilidade no processo de projeto. Sabemos que qualquer leitura do território é um recorte da realidade, afinal de contas, a realidade é impossível de ser apreendida na sua totalidade. Mas a questão é que a escolha que ocorre aqui é aquela feita pelo capital, operando pela lógica da eficiência, para resultar em mais-valia, e não pela da necessidade.

Assim, o investimento na produção do espaço deve retornar como lucro. E isso exclui um pensamento de projeto que seja mais experimental, que possa exercitar operações e procedimentos não consagrados para produzir outro tipo de resultado – processos que reconhecem o conflito existente na realidade são mais morosos e, portanto, não interessam à pressa do capital. Assim, os procedimentos de projeto acabam por excluir tudo aquilo que possa ser diverso, tudo que exigirá tempo ou risco. Pensemos que o projeto é um modo de operação que não apresenta autonomia em si. É preciso abandonar um pensamento exclusivamente técnico-científico.

Essa certeza técnica parece estar posta desde o início. Desde quando o projetista toma nas mãos um grafite e faz os primeiros riscos, já habita aí um desígnio que está dado pelo desenho. Poderia se dizer que, quando se desenha, se designa. A palavra *design* ("projeto" em inglês) vem carregada dessa definição: designar, designação, definição; todas essas palavras trazendo um sentido de exatidão e precisão. O saber-fazer da arquitetura habita essa lógica.

O projeto tem essa propriedade de dar forma à matéria. Frente à uma matéria inerte, o projeto formaliza. Existe, assim, um processo que configura uma existência. Nas palavras de Flusser, *design* funciona, indistintamente, como substantivo e como verbo. Como substantivo significa, entre outras coisas, "propósito", "plano", "intenção", "meta", "esquema maligno", "conspiração", "forma", "estru- tura básica", e todos esses e outros significados estão rela- cionados a "astúcia" e a "fraude". Na situação de verbo – *to design* – significa, entre outras coisas, "tramar algo", "simular", "projetar", "esquematizar", "configurar", "proceder de modo estratégico".[32]

Flusser acredita que o que percebemos como um fenômeno que habita o mundo é apenas uma "geleia amorfa", e as formas não estariam nesse mundo, mas existiriam ocultas como formas eternas e imutáveis na teoria. "A geleia amorfa dos fenômenos (o 'mundo material') é uma ilusão e as formas que se encontram encobertas além dessa ilusão (o 'mundo formal') são a realidade, que pode ser descoberta com o auxílio da teoria. E é assim que a descobrimos, conhecendo como os fenômenos amorfos afluem às formas e as preenchem para depois afluírem novamente ao informe."[33] Portanto, segundo Flusser, o que faz o *design* é in-formar a matéria, considerando que a forma é a maneira como a matéria se mostra e a matéria é o que está à disposição da forma.

O *design* traz para a matéria uma nova informação. Essa estabilidade presente nessa operação hilemórfica (*hyle* – matéria; *morph*é – forma) é o que Tim Ingold põe em questão. "Para criar algo, refletiu Aristóteles, deve-se juntar forma (*morph*é) e matéria (*hyle*). Na história subsequente do pensamento ocidental, esse modelo hilemórfico da criação arraigou-se ainda mais, mas também se dese-

---

[32] Flusser, 2008, p. 181.
[33] Flusser, 2008, p. 23.

quilibrou. A forma passou a ser vista como imposta por um agente com um determinado fim ou objetivo em mente sobre uma matéria passiva e inerte."[34] Esse modelo hilemórfico, na visão de Ingold, é o que mantém ainda uma certa concepção de criação como produção de algo finalizado, formalizado em detrimento dos processos que se instalam como fluxos e transformações da matéria. Desenvolverei essa ideia proposta por Tim Ingold mais adiante; por enquanto nos deteremos nesse aspecto da formalização da matéria como algo estável.

Essa nova informação, em contextos de exploração do espaço urbano pela lógica do capital, vem carregada de sentidos que respondem aos objetivos desta. Esse é o problema de operar pelo projeto de maneira acrítica dentro de uma concepção hilemórfica. Há, nisso tudo, um movimento de apagamento do conflito em favor de uma certa estabilidade do sistema urbano expresso em uma forma final. Essa estabilidade se apresenta sempre acomodada por valores do capital em detrimento da lógica social da vida cotidiana.

Essa lógica da configuração e da acomodação em prol da redução do conflito é o que Rancière chama de ordem policial. Poder-se-ia pensar em discurso policialesco ou de controle. Rancière, para definir uma "ordem policial" da sociedade, recorre a uma formulação platônica de que cada indivíduo tem seu lugar específico e um "papel" a desempenhar na sociedade: o de governar ou o de ser governado. É justamente "esta concepção de comunidade como estrutura estável onde os grupos se caracterizam pelo lugar que ocupam, a função que desempenham e o modo como se adequam

---

[34] Ingold, 2012, p. 26.

a esse lugar e a essa função, [que] constitui aquilo a que eu chamo "ordem policial".[35]

Portanto, o que Rancière propõe que pensemos com a noção de polícia é uma certa identidade imposta por um sistema hegemônico a fim de manter a ordem preestabelecida. Nessa perspectiva, polícia está longe de ser pensada como uma parte da organização do Estado que se ocuparia com a repressão, mas se apresenta de maneira mais sutil, a partir de valores identitários e de uma noção de comunidade em que cada indivíduo se reconhece como fazendo parte desta, partilhando um comum no plano do sensível. Para Rancière, a partilha do sensível é um recorte no plano do sensível que, ao mesmo tempo, produz um comum compartilhado e um fora. Isso ocorre de acordo com os modos de configuração e distribuição que definem as relações espaço-temporais daqueles que são reconhecidos como um "comum" e aqueles que estão à parte desse comum.

Essa ideia de partilha do sensível tem a ver com uma maneira de organização dos corpos que ao mesmo tempo co-partilham de um comum e produzem um fora, uma exclusão. Há na partilha do sensível a construção de uma borda controlada pela ordem policial. Portanto, a noção de polícia opera produzindo e garantindo a existência dessa borda, que nem sempre é clara e evidente e que, em geral, é incorporada com uma certa "naturalidade".

Essa partilha é da ordem da visibilidade de quem diz e, acima de tudo, de quem pode dizer. Ou seja, é da definição de quem pode tomar parte do todo e, mais ainda, é aquilo que torna inteligível uma parte da sociedade no sentido de

---

[35] Rancière, 2011a, p. 07.

autorizar e reconhecer o direito à fala. Portanto, "não ter lugar na ordem policial significa ser ininteligível – não apenas marginalizado dentro do sistema, mas tornado invisível pelo sistema. A ordem policial, assim, distribui os papéis e a falta de papéis; eles determinam quem conta e também decidem que alguns não contam de maneira alguma."[36]

O projeto da maneira como foi exposto até aqui pode ser entendido dentro dessa lógica policial. O projeto produz borda e, sobretudo, diz quem pode e quem não pode tomar parte da cidade. Pensemos isso a partir da noção de *genius loci*. Esse conceito carrega consigo noções de espírito do lugar, identidade e vocação. São conceitos que reforçam como algo positivo uma certa noção de comunidade, de uma comunidade de iguais. E normalmente essa configuração dos iguais é dada pela ordem econômica.

Lembremos que o projeto configura, produz forma final, designa quem faz parte, narra. Esse estar-junto em uma comunidade de iguais que o projeto ajuda a formalizar se constitui por processos de consentimento que organizam esses diferentes poderes, estabelecendo uma distribuição de lugares e de funções de cada um que participa da partilha desse sensível como um sistema de legitimação pela ordem estatal.

A ordem policial nem sempre se apresenta de maneira explícita. Pelo contrário, na maioria das vezes, a partilha dos

---

[36] Chambers, 2010, p. 63. ("To have no place within the police order means to be unintelligible – not just marginalized within the system, but made invisible by the system. Police orders thereby distribute both roles and the lack of roles; they determine who counts and they decide that some do not count at all").

iguais ou da ausência daqueles que não fazem parte é sutil. Rancière nos diz que é "uma ordem dos corpos que define as partilhas entre os modos do fazer, os modos de ser, e os modos do dizer, que faz que tais corpos sejam designados por seu nome para tal lugar e tal tarefa".[37] Portanto, segundo ele, a polícia é menos uma regra que poderá se instalar como uma disciplinarização dos corpos e mais uma maneira como estes aparecem, ou seja, a forma como esses corpos configuram e distribuem essas ocupações.

A arquitetura vem há muito tempo ajudando essa ordem policial a se estabelecer na cidade. Pensemos o zoneamento de uso e a distribuição de índices de aproveitamento dos terrenos propostos pelos planos diretores municipais. Esses instrumentos de planejamento "organizam e disciplinam" o lugar dos corpos na cidade. Organizam as identidades. Separam quem toma parte daqueles que não têm direito à parte. Não só marcam no território as composições formais de luxo, como condomínios residenciais, shopping centers, clubes sociais, mas também onde estão os pobres, em loteamentos afastados dos centros urbanos. Esses instrumentos de planejamento ou de formalização não são senão narrativas discursivas que, como linguagens, permitem que deles se fale.

Isso tudo é uma forma de fazer a ordem policial funcionar pela "neutralidade arquitetônica". Essa postura da arquitetura reforça aquilo que Rancière entende por função da partilha do sensível. Para ele, "a partilha do sensível faz ver quem pode tomar parte no comum em função daquilo que faz, do tempo e do espaço em que essa atividade se exerce.

---

[37] Rancière, 2018, p. 43.

Assim, ter essa ou aquela 'ocupação' define competências ou incompetências para o comum"[38].

Essa lógica policial de organização e distribuição dos corpos que a arquitetura ajuda a implementar na cidade constrói um discurso de exclusão apoiado em um discurso de estabilidade e equilíbrio social, pois separa os diferentes para reduzir os conflitos. O projeto, com sua organização assertiva, ajuda esse tipo de pensamento. Quando se organiza de maneira a sustentar uma situação consensual, o projeto se instala como ordem policial, legitimando novas identidades a partir de um discurso técnico aparentemente isento de posição política. A polícia é essa legitimação de uma identidade estabelecida de maneira consensual e que, simultaneamente, se expressa por aqueles processos que configuram e garantem uma ordem social, produzindo e, sobretudo, mantendo uma comunidade.

Estamos frente a uma narrativa discursa da certeza, daquilo que, em uma perspectiva de futuro ideal, se resolve da "melhor maneira possível". Só que, para isso, faz escolhas. Escolhas essas que percorrem um caminho, senão o mais fácil, pelo menos o mais adaptado às condições do mercado e da lógica do capital. É uma lógica de exclusão, daquilo que gera mais-valia, daquilo que produz valor (econômico). É como um movimento que produz sempre um fora do lugar e um fora do tempo. É um tempo da inovação, da produção de lucro, da otimização dos tempos e das operações. É o tempo reduzido. É o tempo dos dominantes, dos vencedores. É uma lógica da produção de margens, de retirar da frente tudo aquilo que não produz valor de troca.

---

[38] Rancière, 2009, p. 16.

Mas lembremos que o projeto não tem autonomia, que fala de algo para um outro alguém. É importante retomarmos a noção de narrativa para podermos olhar o projeto de outro lugar. Ele parte de uma existência e configura outra existência. Fala de um tempo presente, revisita um tempo passado e olha para um futuro. Há nesse processo, uma narrativa temporal sobre a cidade, que está historicamente definida e é diversa, cheia de diferenças e contradições, carregada de conflitos e disputas. Portanto, o projeto não pode ser pensado como uma realização técnica tomando a realidade por consensual. Ela não é.

A realidade social das cidades é conflitiva, pois está na sua base uma luta por igualdade. O projeto deve ser pensado dessa maneira: pelo conflito, incorporando este como constitutivo da matéria-cidade. Não como uma formalização que encerre um sentido na matéria, mas que opere nos seus fluxos e transformações.

É justamente uma visão contrária à da eficiência e do resultado; visão essa que é o argumento deste livro. Meu objetivo é refletir sobre como abrir esse pensamento para outros modos de operar o projeto, isto é, sobre como abrir espaço de pensamento. Abrir poros nessa formalização que nos tenta fazer crer em uma ordem estável. É preciso pensar quem é o sujeito ou os sujeitos do projeto. É o projetista? É o contratante? É aquele ao qual o projeto se destina? Quem narra? Quantos narram? Que narrativas discursivas são produzidas? Pensemos o projeto, então, como a difícil tarefa de enfrentar os conflitos constitutivos da cidade e cuja enunciação é da ordem da narrativa discursiva. Pensemos o projeto inserindo no debate sua matriz política e não a policialesca e técnico-científica.

3
[ESTRANHAMENTO]
produção do desvio

É preciso estranhar. É preciso sair dessa narrativa discursiva que tem base resolutiva e consensual. É preciso não ter precisão nem forma. É preciso perceber que o projeto produz uma borda excludente. Borda essa configurada pela ação técnico-científica que reforça o caráter policial do projeto, em que uma parte é selecionada como um comum partilhado e outra parte fica às margens desse comum. É tempo de desvios, de encontrar em meio ao caos a possibilidade de um outro pensamento. É preciso fazer a crítica. É preciso produzir poros.

O projeto não tem autonomia em si, é um modo de operação. E como temos visto, uma enunciação que produz uma narrativa discursiva. Portanto, está sempre a serviço de uma realidade e de um ou mais sujeitos. Ou seja, ele é um ato de formalização sobre uma realidade material e, como diz Flusser, ele impõe à matéria uma forma. Mas formalizar a matéria pode ser visto como um ato de dar forma e não como o de dar uma forma final, como nos propõe Ingold.

O projeto impõe à realidade uma narrativa discursiva. E ao impor uma forma discursiva à matéria, constrói uma borda que é não inclusiva. Há nesse processo,uma in-formação à matéria-cidade que é da ordem da exclusão. É preciso buscar outro sentido de projeto que não seja esse da ordem policial.

Apesar da relação de dependência entre matéria (matéria-cidade) e forma (forma-projeto), elas não apresentam a mesma natureza: a cidade é feita de desigualdades, contradições, disputas e dissensos, e o projeto tem sido uma representação que busca o consenso e a resolução, que tenta apaziguar as diferenças e produz exclusões. O projeto da maneira como foi até aqui descrito (como ordem policial, tendo como evidências dessa narrativa discursiva excludente alguns valores como os de *genius loci*, identidade, posição técnica, referências arquitetônicas, partido geral) formaliza a matéria-cidade produzindo uma identidade de um comum, que é um processo de não inclusão. Esse projeto exclui. É preciso inverter o foco: sair de uma concepção de forma como algo finalizado para pensar forma como processo de transformação e de fluxos.

Pensemos um pouco sobre essa materialidade chamada cidade que, no neoliberalismo, vem se produzindo como prática da exclusão a partir de uma narrativa discursiva individualista e competitiva. Dardot e Laval, no livro *A nova razão do mundo: ensaio sobre a sociedade neoliberal* chamam a atenção para o fato de que o neoliberalismo não é só uma política de desregulamentações e de destruição das instituições, mas, acima de tudo, "*produz* certos tipos de relações sociais, certas maneiras de viver, certas subjetividades. Em outras palavras, com o neoliberalismo, o que está em jogo é nada mais nada menos que a *forma de nossa existência*, isto é, a forma como somos levados a nos comportar, a nos relacionar com os outros e com nós mesmos"[39]. E, como temos visto, o projeto nessa vertente policial reforça esse modelo e ajuda na formalização dessa sociedade espacializando-a.

Na visão de Dardot e Laval, o que está em jogo aqui é uma certa racionalidade que, para além de uma ideologia e de uma política econômica, estabelece não só o *modus operandi* dos governantes, mas, sobretudo, a conduta dos governados. Para os autores, há um princípio de concorrência que está marcado nos discursos e nas práticas desse neoliberalismo. É, portanto, nesse sentido que eles acreditam que o neoliberalismo seja a razão do capitalismo contemporâneo, expressa nesse novo modo de governo dos homens que se realiza mais como uma prática incorporada e naturalizada do que algo institucionalizado.

Essa nova racionalidade, segundo Judith Butler, opera sobre os sujeitos de maneira a produzir um sentido de responsabilização por si, que é o de tornar-se economicamente autossuficiente, não compreendendo a articulação e dependência do outro como um elo comum. Nas palavras dela: "a racionalidade neoliberal exige a autossuficiência como uma ideia moral, ao mesmo tempo que as formas neoliberais de poder trabalham para destruir essa possibilidade no nível econômico, estabelecendo todos os membros da população como potencial ou realmente precários, usando até mesmo a ameaça sempre presente da precariedade para justificar sua acentuada regulação do espaço público e a sua desregulação da expansão do mercado"[40].

---

[39] Dardot; Laval, 2016, p. 16.
[40] Butler, 2019b, p. 20.

Apoiados em Foucault, Dardot e Laval entendem governo não como instituição, mas, sobretudo, como atividade, ou seja, técnicas e procedimentos a dirigirem condutas sociais. Isso não se apresenta como um governo dos outros, mas, acima de tudo, se expressa como procedimentos de poder introjetados por cada um – uma espécie de autogoverno do indivíduo, um governo de si. O que para Butler é o sentido de autossuficiência subjetiva.

"Assim, governar é conduzir a conduta dos homens, desde que se especifique que essa conduta é tanto aquela que se tem *para consigo mesmo* quanto aquela que se tem para com os outros. É nisso que o governo requer liberdade como condição de possibilidade: governar não é governar *contra* a liberdade ou a *despeito* da liberdade, mas governar *pela* liberdade, isto é, agir ativamente no espaço de liberdade dado aos indivíduos para que estes venham a conformar-se por si mesmos a certas normas."[41] O projeto da ordem policial reforça essa partilha do sensível, produzindo a exclusão daqueles que não conseguem por "liberdade" econômica fazer parte do todo social.

Encaminhando essa questão para o âmbito do urbanismo, Raquel Rolnik acredita que o "ideário destes modelos vai penetrando nas cidades e nas políticas urbanas, capturando territórios, colonizando espaços e formas de viver. Não por acaso, são espacializados justamente sobre a destruição das paisagens para a vida. [...] Nessa nova forma, o dissenso e a negociação democrática são suprimidos, em nome da eficiência, por tecnologias de governo baseadas na fusão-amálgama entre poder político e poder econômico. Essa nova governan-

---
[41] Dardot; Laval, 2016 p. 18.

ça molda a cidade "consensualmente", de acordo com os desejos e necessidades das elites econômicas e culturais transnacionais, para seu gozo e desfrute"[42].

É preciso levar essa importante discussão para o projeto, não só como resultado de uma prática profissional, mas também como formação, pois parece que ainda reforçamos metodologias e procedimentos que expressam essa exclusão social. Quero dizer que, em vez de olharmos para o projeto como "fruto" do sistema hegemônico do capital, seria mais adequado focarmos na "semente", naquilo que dá vida no início do processo. Isso significa olhar o processo no seu movimento constitutivo e não como resultado – no dar forma à matéria e não na forma da matéria. Retomarei essa questão mais adiante na figura do "ainda-não" do projeto, no tempo da potência.

Seria ingênuo acreditar que o projeto poderia contemplar toda a potência da matéria-cidade em toda a sua diversidade, mas tomar a formalização como o todo da matéria no seu aspecto finalizado é não entender que a forma é sempre uma redução na potência da matéria. É preciso pensar que, no ato de formalização da matéria, algo escapa, e é justamente esse algo que me interessa particularmente; ou seja, aquilo que o consenso não apreende como significativo. Pensar a matéria para além da forma final é seguir os materiais, como propõe Ingold. Para ele, "não é impor forma à matéria, mas reunir materiais diversos e combinar e redirecionar seu fluxo tentando antecipar aquilo que irá emergir"[43]. Entrar na matéria como fluxo, como linhas sempre em fuga, como

---

[42] Rolnik, 2019, p. 36.
[43] Ingold, 2012, p. 36.

entendiam Deleuze e Guattari. É justamente nesse entremear de linhas não como rede, mas como rizoma que há a possibilidade de se operar o projeto por uma dinâmica mais política e menos técnica.

É necessário pensar o processo de projeto como esse ato político e não policial. Para que isso ocorra, o dano expresso pela exclusão das diferenças, por aquilo que se invisibiliza nas margens, deve ser reconhecido. A partir da consciência de que o sistema produz uma borda excludente e de que tal borda deixa de fora importantes partes constituintes da cidade é que podemos perceber a existência do dano. Assim, o ato político se instala como um ato de justiça frente a um sentido universal de igualdade, e, como diz Rancière: é um ato que diz respeito aos sujeitos.

Nas palavras de Rancière, "a política é a prática na qual a lógica do traço igualitário assume a forma do tratamento de um dano, onde ela se torna o argumento de um dano de princípio que vem ligar-se a um litígio determinado na partilha das ocupações, das funções e dos lugares. [...] A política é assunto de sujeitos, ou melhor, de modos de subjetivação. Por *subjetivação* entenda-se a produção, por uma série de atos, de uma instância e de uma capacidade de enunciação que não eram identificáveis num campo de experiência dado, cuja identificação, portanto, vai de par com a reconfiguração do campo da experiência"[44].

Pensemos então o projeto a partir da noção de política de Rancière. Ou seja, pensemos o projeto não por aquilo que ele configura, mas por aquilo que escapa a essa configuração. Então, política, para Rancière, é essa prática em

---
[44] Rancière, 2018, p. 49.

que a noção de igualdade toma a forma do tratamento de um dano, manifestando-se como um modo de subjetivação. Por isso, Rancière diferencia "política" de "político". Política é o processo de emancipação, enquanto político é o ato que confronta a ordem policial.

Próxima dessa noção de político como ato está a ideia de "performativo" de Butler. Para ela, o ato de reivindicar que está posto no sentido político é sempre corporificado – um corpo que se move sempre junto do outro, com os outros. Não se pode pensar a política sem falar em igualdade e nos processos de subjetivação como constituidores de enunciação. E de uma enunciação que está para além dos atos de fala, mas que sobretudo se expressa nos corpos. Portanto, o ato político vem como reivindicação desse direito de um corpo em relação a um outro corpo. Justamente por esse caráter inato é que se precisa de uma ação em que o político torne visível a desigualdade. Para Butler, são nas assembleias públicas que esses corpos se apresentam em aliança e ganham visibilidade.

A noção de igualdade é a base do pensamento de Rancière e é por isso que este discorda de Althusser em relação à formação de uma consciência política dos proletários pelos intelectuais. "Rancière rejeita essa visão em razão de suas implicações sobre as classes que sofrem com a dominação social. Na construção althusseriana, uma vez que as classes trabalhadoras são vítimas de ofuscação ideológica, elas não estão em condições de ver a realidade de sua situação. Elas precisam ser lideradas pelo Partido e confiar em seus intelectuais para perceber qual é a sua situação e que tipo de ação política os libertará da opressão. Suas expressões espontâneas e suas ações não têm valor intrínseco e devem ser constantemente redirecionadas pelo Partido e seus teóricos."[45]

Rancière pensa igualdade como capacidade intelectual presente em todo ser humano. Todo ser humano é igual na sua possibilidade de elaboração de um pensamento e de expressão de uma fala. Portanto, igualdade não se conquista, é inata. Ser inata não significa que já está dada como direito efetivo; é preciso ficar atento para a ausência desse direito universal.

Essa radicalização frente à igualdade de inteligências e de emancipação das mentes balizou os primeiros escritos de Rancière, tendo mais expressão em *O Mestre Ignorante*. A intenção dele era dar voz aos proletários e não ser um intermediário para eles nem os submeter à sua inteligência.

Nesse livro, Rancière narra a história do pedagogo francês Joseph Jacotot (início do século XIX). Jacotot foi desafiado a lecionar francês para estudantes holandeses que não compreendiam o francês, enquanto ele próprio, Jacotot, não compreendia o holandês. Essa experiência de ensino pauta o seu pensamento emancipatório, expresso pelo método de Ensino Universal, o qual tem por princípio "aprender qualquer coisa e a isso relacionar todo o resto".

---

[45] Deranty, 2010, p. 03. ("Rancière rejects this view because of its implications for the classes suffering from social domination. In the Althusserian construct, since the working classes are victims of ideological obfuscation, they are not in a position to see through to the reality of their situation. They need to be led by the Party and trust the Party's intellectuals to realize what their situation is and what kind of political action will liberate them from oppression. Their spontaneous expressions and their actions have no intrinsic value and must constantly be redirected by the Party and its theorists").

O método preconizava a possibilidade de o aluno aprender sozinho, sem nenhum mestre que lhe explicasse a matéria, desde que estivesse presente no aluno o desejo de conhecer. Nessa situação, "o aluno estava ligado a uma vontade, a de Jacotot, e a uma inteligência, a do livro, inteiramente distintas. Chamar-se-á emancipação à diferença conhecida e mantida entre as duas relações, o ato de uma inteligência que não obedece senão a ela mesma, ainda que a vontade obedeça a uma outra vontade"[46]. É preciso que o mestre demonstre que não tem nada a transmitir e que seja capaz de estimular o aluno a aprender, permitindo a emancipação deste.

Então, a política se instala em uma situação na qual esse princípio de igualdade falha. A instalação da política não é algo que já está dado ao processo de exclusão, mas se manifesta como um ato enunciado. Portanto, mais do que emergir de algo, a política deve ser instalada como tratamento do dano, e o político é o ato que constrói a cena.

Podemos ampliar essa questão a partir da noção de precariedade posta por Butler. Segundo ela, a "'precariedade' designa a situação politicamente induzida na qual determinadas populações sofrem as consequências da deterioração de redes de apoio sociais e econômicas mais do que outras, e ficam diferencialmente expostas ao dano, à violência e à morte"[47].

Nem Butler nem Rancière entendem dano como vitimização. Pelo contrário, ele é a força de uma afirmação, de uma existência, da consciência da exclusão. O dano só pode ser reconhecido como um prejuízo quando alguém (um qual-

---

[46] Rancière, 2013, p. 32.
[47] Butler, 2019b, p. 40.

quer) se instala e se reconhece como um sujeito que está à margem de uma partilha. O dano consciente se instala como uma existência expressa por uma cena. É necessário que esse sujeito afirme sua existência para que o dano seja colocado em pauta, para que ganhe visibilidade. Assim, o dano se apresenta como um modo de subjetivação, momento esse em que a igualdade surge como um ato político em uma cena compartilhada entre sujeitos – frente a frente, um qualquer ante um outro qualquer.

"A política é primeiramente o conflito em torno da existência de uma cena comum, em torno da existência e da qualidade daqueles que estão ali presentes. É preciso antes de mais nada estabelecer que a cena existe para o uso de um interlocutor que não a vê e que não tem razões para vê-la *já que* ela não existe. As 'partes' não preexistem ao conflito que elas nomeiam e no qual se fazem contar como 'partes'. A 'discussão' do dano não é uma troca – nem mesmo uma troca violenta – entre parceiros constituídos. Ela diz respeito à própria situação de fala e seus atores. A política não existe porque os homens, por meio do privilégio da fala, acordam seus interesses em comum. A política existe porque aqueles que não têm direito de serem contados como seres falantes conseguem ser contados, e instituem uma comunidade pelo fato de colocarem em comum o dano que nada mais é que o próprio enfrentamento, a contradição de dois mundos alojados num só."[48]

Para entendermos que a política em Rancière não é um processo de negociação, mas um ato de denúncia frente a um direito igualitário, pensemos o caso Rosa Parks (ativista

---

[48] Rancière, 2018, p. 40.

norte-americana que defendia os direitos civis dos negros nos Estados Unidos) como um ato político.

Na voz de Rosa Parks: "Uma tarde, no início de dezembro de 1955, estava sentada na primeira fila de assentos para pessoas de cor no ônibus de Montgomery, Alabama. Os brancos ocupavam a seção branca. Subiram mais pessoas brancas e todos os assentos da seção branca ficaram ocupados. Quando isso ocorria, nós, os negros, devíamos ceder nossos assentos aos brancos. Porém, não me movi. O motorista, branco, me disse: "Deixe livre essa primeira fila". Não me levantei. Estava cansada de ceder frente aos brancos. "Mandarei prendê-la", disse-me o motorista. "Sim, podes fazê-lo", respondi. Chegaram dois policiais e perguntei a um deles por que nos tratavam assim. "Não sei, porém a lei é a lei e estás presa", respondeu"[49].

O que instala esse caso como um ato político é o fato de Rosa Parks marcar sua existência frente a uma noção de igualdade – somos todos seres humanos. Dentro de um contexto racista, essa atitude evidencia um forte dano por meio da qual a sociedade tem que se ver. Esse ato não se instala

---

[49] Parks e Haskin, 2019, p. 1. ("Una tarde, a principios de diciembre de 1955, estaba sentada en la primera fila de asientos para personas de color en un autobús de Montgomery, Alabama. Los blancos ocupaban la sección blanca. Subieron más personas blancas y todos los asientos de la sección blanca quedaron ocupados. Cuando eso sucedía, nosotros, los negros, debíamos ceder nuestros asientos a los blancos. Pero no me moví. El conductor, blanco, me dijo: "Deja libre esa primera fila". No me levanté. Estaba cansada de ceder ante los blancos. "Haré que te arresten", me dijo el conductor. "Sí, puede hacerlo", respondí yo. Llegaron dos policías y pregunté a uno de ellos por qué nos trataban así. "No lo sé, pero la ley es la ley y estás arrestada", respondió").

como uma negociação, mas como um direito, pela afirmação de uma existência igual a qualquer outra. Como consequência desse ato político, teve início o movimento antissegregacionista nomeado "Boicote aos ônibus de Montgomery".

O sentido dado ao ato político por Rancière não pode ser pensado isoladamente. Ele está diretamente articulado e em relação de dependência com o sentido de polícia e vice-versa. Para Rancière, essas noções são processos heterogêneos, em que a "polícia" é o processo estabelecido pelo governo, expressando de maneira hierárquica as funções e os lugares de cada um e dando uma forma de comunidade a isso. Por outro lado, a política é o processo pelo qual a verificação da igualdade do direito de qualquer um em relação a qualquer outro se expressa pela noção de emancipação.

"A igualdade existe e tem efeitos universais na medida em que é atualizada. Ela não é um valor que se invoca, mas um universal que deve ser pressuposto, verificado e demonstrado em cada caso. A universalidade não é o princípio da comunidade ao qual oporíamos as situações particulares. Ela é um operador de demonstrações. O modo de eficácia da universalidade em política é a construção, discursiva e prática, de uma verificação polêmica, de um caso, de uma demonstração."[50]

O que Rosa Parks faz é atualizar essa noção de igualdade. E isso nunca é um processo de reinvindicação, mas a afirmação de um direito, de uma existência, de um princípio de igualdade de qualquer um em relação a qualquer outro. Ela não negocia, mas instala o seu direito, produzindo uma outra narrativa discursiva.

---

[50] Rancière, 2014, p. 71.

Toda essa relação que ocorre entre o sentido de polícia e de política em Rancière se expressa mais claramente por outra noção: a de "partilha do sensível". A partilha do sensível é o que dá contorno ao dano, produzindo o sentido policial, a política e o político.

Como já vimos, Rancière nomeia de "partilha do sensível" esse recorte que ocorre no âmbito do sensível como uma operação inclusiva e exclusiva simultaneamente. Não só é um recorte que produz uma borda excludente, mas fundamentalmente é uma operação no plano do sensível, daquilo que é evidente ou está prestes a ganhar evidência.

Essa relação entre um "comum" agregador e "partes" excludentes funda-se em relações espaço-temporais que se estabelecem a partir das maneiras como cada sujeito se engaja ou não nesse processo, ou seja, como cada um se constitui como sujeito da cena. Para Rancière, "a partilha do sensível faz ver quem pode tomar parte no comum em função daquilo que faz, do tempo e do espaço em que essa atividade se exerce. Assim, ter essa ou aquela 'ocupação' define competências ou incompetências para o comum"[51].

A partilha do sensível não traz para o debate só a relação entre uma configuração que organiza um compartilhamento, expresso pela figura de uma comunidade de iguais, ao mesmo tempo que produz uma exclusão dos outros. Estabelece também uma relação entre política e estética. No entendimento de Rancière, a estética não é um processo de ressignificação do ato político como algo a ser transmitido com uma nova expressão em um processo de estetização da política, mas, pelo contrário, ela é a própria base da política, pois é a maneira

---

[51] Rancière, 2009, p. 16.

como os sujeitos produzem um fazer-ver. Nesse sentido, ela funciona como um tecido que organiza e dá visibilidade a essas relações díspares na esfera da experiência sensível.

É justamente nesse "fazer-ver" que entra a dimensão estética em favor da dimensão política. Ou seja, a ordem política é tomada como um ato de evidência da divisão das ocupações que se insere no sensível como "modos do *fazer*, os modos do *ser* e os do *dizer*; entre a distribuição dos corpos, de acordo com suas atribuições e finalidades, e a circulação do sentido; entre a ordem do visível e a do dizível"[52].

A inserção dos estudos estéticos no pensamento de Rancière começam a ganhar mais evidência nos seus escritos da década de 1990, nos diz Deranty. Segundo ele, "o trabalho de Rancière concentrou-se cada vez mais nesse aspecto 'estético' da luta social e política, a ponto de logo inverter a relação entre os dois domínios e voltar-se para as dimensões políticas implícitas nos modelos estéticos e nas obras artísticas"[53].

A literatura tem uma certa centralidade entre as expressões artísticas nas obras de Rancière. Ela já aparecia antes, por conta da importância do discurso daquele que tem direito de fala, mas principalmente em seu livro *Aisthesis: scènes du régime esthétique de l'art* de 2011, Rancière amplia para as diversas expressões da arte, explicitando o sentido dado por ele à estética.

---

[52] Rancière, 2017, p. 08.
[53] Deranty, 2010, p. 11. ("Ranciere's work increasingly focused on this "aesthetic" aspect of social struggle and politics, to the point where he would soon invert the relationship between the two realms, and turn to the political dimensions implicit in aesthetic models and in artistic works").

Nesse livro, ele faz um importante deslocamento do sentido de *mimesis* e *aisthesis* ao retirar esses do domínio da arte como categorias e transformá-los em "regimes de identificação da arte"; ou seja, *mimesis* vai marcar o regime representativo aristotélico, e *aisthesis* vai ser a marca do regime estético da arte caracterizado por uma modernidade que surge a partir do romantismo alemão.

Para Rancière, "o termo *Aisthesis* designa o modo de experiência segundo o qual, há dois séculos, percebemos coisas muito diversas, por suas técnicas de produção e suas destinações, como todas pertencentes à arte. Não se trata da 'recepção' das obras de arte. Trata-se da experiência sensível tecidas no seio da qual elas são produzidas. Essas são as condições de fato materiais – lugares de performance e de exposição, formas de circulação e de reprodução – mas também os modos de percepção e os regimes de emoção, categorias que as identificam, padrões de pensamento que as classificam e as interpretam"[54].

Esse percurso pela estética é muito menos uma atenção aos procedimentos em si como prática artística, ou mesmo uma história da arte, e mais um "regime de identificação". Então, para Rancière, estética é esse regime específico de

---

[54] Rancière, 2011b, p. 10. ("Le terme Aisthesis désigne le mode d'expérience selon lequel, depuis deux siècles, nous percevons des choses très diverses par leurs techniques de production et leurs destinations comme appartenant en commun à l'art. Il ne s'agit pas de la «réception» des œuvres d'art. Il s'agit du tissu d'expérience sensible au sein duquel elles sont produites. Ce sont des conditions tout à fait matérielles – des lieux de performance et d'exposition, des formes de circulation et de reproduction –, mais aussi des modes de perception et des régimes d'émotion, des catégories qui les identifient, des schèmes de pensée qui les classent et les interprètent").

identificação e pensamento das artes que coloca em evidência modos de articulação entre maneiras de fazer (da ordem do fazer); formas de visibilidade dessas maneiras de fazer (da ordem do visível); e modos de pensabilidade de suas relações (da ordem do pensável). Estética, então, para Rancière, é uma "matriz de percepções e discursos que envolve um regime de pensamento, bem como uma visão da sociedade e da história. A ideia de que a estética designa uma forma de experiência e um regime interpretativo"[55].

Quando Rancière afirma que estética é uma "matriz de percepções e discursos" (o que vejo e o que isso me permite enunciar) que está atrelada a uma determinada experiência, está construindo uma noção de estética como um "regime interpretativo", ou seja, como uma visão de mundo, uma maneira de pensar – estética é uma forma de experiência que envolve a maneira como eu percebo e a narrativa discursa oriunda disso, produzindo pensamentos, o que configura um regime interpretativo. Nesse sentido, a estética se amalga com o sentido político.

Pensemos como a arte produz política no plano do sensível a partir de dois acontecimentos, ou de duas cenas, como diria Rancière. O primeiro acontecimento ocorreu em 1965, no Museu de Arte Moderna do Rio de Janeiro, na Mostra Opinião 65. O segundo acontecimento foi a polêmica ocorrida em 2017 com a Exposição Queermuseu: Cartografias da Diferença na Arte Brasileira, no Santander Cultural, em Porto Alegre.

Por volta da década de 1960, o artista brasileiro Hélio Oiticica começa a frequentar o Morro da Mangueira. A partir

---

[55] Rancière, 2011a, p. 02.

desse contato com o pessoal da Escola de Samba Estação Primeira de Mangueira, ele desenvolve os seus Parangolés. Eram uma espécie de tela vestível, em que o participante, não mais espectador, dançava a obra. Nas palavras de Oiticica: "Não quero e nem pretendo criar como que uma 'nova estética da antiarte', pois já seria isto uma posição ultrapassada e conformista. Parangolé é a antiarte por excelência; inclusive pretendo estender o sentido de 'apropriação' às coisas do mundo com que deparo nas ruas, terrenos baldios, campos, o mundo ambiente, enfim – coisas que não seriam transportáveis, mas para as quais eu chamaria o público à participação – seria isto um golpe fatal ao conceito de museu, galeria de arte etc., e ao próprio conceito de 'exposição' – ou nós o modificamos ou continuamos na mesma. Museu é o mundo; é a experiência cotidiana".[56]

O Parangolé é para Oiticica a possibilidade de rompimento com a tradicional lógica do sistema das artes. Ele instala aqui um tipo de pensamento em que a obra se constitui na apropriação dela por alguém ao "dançá-la" fora dos âmbitos dos museus. E, por ironia do destino, foi assim que essa obra se tornou famosa.

Oiticica leva seus Parangolés para o museu (talvez a contragosto), pois eram para ser dançados na rua, no mundo. Era 1965, e a Mostra Opinião 65 teve sua inauguração no Museu de Arte Moderna do Rio de Janeiro sob curadoria do marchand Jean Boghici.

"Na época em que se entrava nos museus com terno e gravata, Oiticica levou uma ala de passistas da favela e da

---

[56] Oiticica, 1986, p. 79.

escola de samba da Mangueira para apresentar, em seus corpos, os Parangolés. Tal evento resultou em conflito, pois a direção do museu não permitiu a entrada e a exibição dos passistas dentro de suas instalações e a apresentação se deu nos jardins do MAM-RJ. O ato foi aplaudido pelos críticos, jornalistas, artistas e parte do público que lotavam as dependências. Os motivos alegados para o veto, apurados por jornais da época, foram o barulho dos pandeiros, tamborins e frigideiras."[57]

Nessa situação se expressa claramente o sentido policial e político de Rancière. A princípio, a chegada dos sambistas juntamente com Oiticica ao MAM não constitui por si só um ato político, pois eles estão se adequando ao sistema das artes. Mas o que surge, ao serem barrados, é o sistema se impondo como ordem policial no sentido de organizar quem pode e quem não pode tomar parte do museu. Essa partilha do sensível, que reorganiza uma comunidade de intelectuais adequados ao mundo dos museus e que exclui aqueles que não são bem-vindos a essa realidade, constitui a borda policial da ordem e do sistema das artes.

O ato político se constitui então quando os corpos dos sambistas e de Oiticica dançam os Parangolés nos jardins do museu. É aí, e só aí, que o ato político se instala como expressão de um dano. Esse ato político não se configura como uma reinvindicação explícita de direito à entrada no museu através de discursos ou gritos de ordem. Pelo contrário, é a beleza da dança desses corpos que institui uma existência e marca a sua exclusão, impondo a quem está presente que testemunhe e repense a exclusão do sistema das artes.

---

[57] Teixeira, 2017, p. 53.

Esse fato até hoje tem ressonância como um ato político. Para Waly Salomão, "Hélio e suas criações demonstravam-se ossos duros de roer em relação ao museu. Museu, tradicional máquina de quebrar asperezas, de cooptação, de abrandamento, de recuperação. Vitrine das máscaras esvaídas de suas potências mágicas. Em clara oposição a essa estratégia mumificadora, HO formulava no seu 'Programa Ambiental' de julho de 1966: 'Museu é o mundo; é a experiência cotidiana'"[58].

Essa experiência estética não pode ser separada da política, pois ela não é um processo independente. Ela surge junto com a outra, no plano do sensível, a partir dos modos de fazer da arte, dos modos de dar visibilidade que ela tem e, consequentemente, do modo como isso repercute e constrói um pensamento crítico sobre e a partir de uma experiência.

Podemos também pensar esse ato político como corpos que expõem e dão visibilidade a um processo contínuo de exclusão social. "Não podemos falar sobre um corpo sem saber o que sustenta esse corpo, e qual pode ser a sua relação com esse apoio – ou falta de apoio. Desse modo, o corpo é menos uma entidade do que um conjunto vivo de relações; o corpo não pode ser completamente dissociado das condições ambientais e de infraestrutura da sua vida e da sua ação. Sua ação é sempre uma ação condicionada, que é um sentido do caráter histórico do corpo."[59]

Os corpos não só dançam e expõem uma exclusão social como também marcam a partilha do sensível entre o que é o universo das margens em relação ao centro na estruturação socioespacial da cidade do Rio de Janeiro.

---

[58] Salomão, 2015, p. 51.
[59] Butler, 2019b, p. 72.

Antes de transpormos essa questão para o âmbito do projeto em urbanismo, pensemos o outro acontecimento: a exposição Queermuseu: Cartografias da Diferença na Arte Brasileira. Essa exposição, com curadoria de Gaudêncio Fidelis, teve curta existência no Santander Cultural em Porto Alegre, em 2017, devido a "fortes críticas de grupos que viram nas obras apologia a pedofilia, zoofilia e blasfêmia"[60]. A intenção aqui não é julgar a qualidade da exposição ou a validade da polêmica, mas localizar nesse fato a ordem policial e a política no sentido dado por Rancière.

Onde está a ordem policial e a política nessa exposição? A princípio poderíamos pensar que o próprio conteúdo se apresenta como uma pauta política frente aos valores conservadores da sociedade. No entanto, o curador não escolhe um lugar ou uma forma alternativa de expor as obras. Pelo contrário, ele busca o sistema das artes institucionalizado nos espaços culturais.

Ao instalar a exposição em uma instituição cultural que é sustentada por um grupo financeiro, ele se adequa às exigências dessa instituição, respondendo de maneira condizente com os preceitos expostos pelo Santander Cultural. Além disso, atende à lógica do mercado de arte e à lógica da curadoria do espaço cultural gestionado por um banco e organizado em um formato de exposição em galeria ou museu. Essa adequação não é da ordem política e sim da policial.

Quando, então, se instala a política na exposição? Ainda não há nada aqui que se expresse como ato político, a não ser por pautar a temática *queer*. No entanto, o que produz

---

[60] Disponível em: https://www.bbc.com/portuguese/brasil-45191250

o ato político é justamente a polêmica que exige do Santander Cultural uma posição frente ao conteúdo da exposição. Então, o ato político se instala como resposta a uma construção de borda que é instalada por um discurso moralista. Independentemente do valor das obras, a própria polêmica dá um sentido político à exposição ao reforçar a dimensão policial. Ou seja, o político se instala não junto com as obras no início da exposição, mas como contraponto a uma narrativa discursiva que se apresenta aqui como expressão de polícia.

Esses dois acontecimentos produzem subjetivação política no sentido dado por Rancière. Para ele, "uma subjetivação política é uma capacidade de produzir essas cenas polêmicas, essas cenas paradoxais que revelam a contradição de duas lógicas, ao colocar existências que são ao mesmo tempo inexistências ou inexistências que são ao mesmo tempo existências"[61]. Nos dois exemplos expostos aqui, fica evidente a produção de subjetivação, que surge em cada caso como uma nova maneira de repensar lugares.

A arte tem essa capacidade de instaurar uma existência produzida pelo gesto artístico. Com isso, faz um existir, constrói uma cena. "Nesse sentido, fazer existir é sempre fazer existir contra uma ignorância ou um desprezo. Temos sempre que defender o sutil contra o grosseiro, os planos de fundo contra o ruído do primeiro plano, o raro contra o banal, cujo modo de conhecimento tem como correlato a mais espessa ignorância."[62]

Pensemos essa dimensão estética e política no âmbito do projeto em urbanismo. O que significa pensar o projeto

---

[61] Rancière, 2018, p. 55.
[62] Lapoujade, 2017, p. 91.

pela política e não pela técnica? Instalar uma dimensão política no projeto significa compreender que o projeto técnico, resolutivo, consensual (da ordem policial) produz uma borda excludente. É preciso, primeiro, ter essa consciência. Esse tipo de pensamento de projeto opera pela lógica do capital, que é a lógica da mais-valia, portanto, o que não gera lucro não interessa nas ações projetivas operadas pelo mercado.

Repensemos o projeto, então, menos por uma lógica policial e mais como um processo que deve ser posicionado na interface ética, estética e política, produzindo modos de fazer, de fazer ver e de pensar. É preciso olhar para os valores de projeto de uma outra perspectiva.

Iniciemos por "desnaturalizar" um pensamento sobre esses valores que ordenam o projeto de maneira policialesca. Aqui serão retomadas as ideias que norteiam a prática de projeto, a fim de evidenciar esse tipo de borda excludente que o discurso de projeto impõe. Para isso, recupero as noções problematizadas no capítulo anterior: *genius loci*, discurso técnico, referências arquitetônicas e partido geral.

O *genius loci*. Continuar a pensar que o território tem um histórico de evolução que é consensual e que responde a uma lógica interna ao próprio território como uma espécie de valor em si é desconhecer as lutas políticas que de fato vêm consolidando histórias e não uma única história. Além disso, tal como Bonesio, acreditar que há um especialista externo que reconhece os valores do território independentemente do que os moradores locais creem é produzir o embrutecimento e não a emancipação no sentido dado a esses termos por Rancière. Os habitantes devem e têm o direito de pensar sua própria história e de lidar com suas próprias contradições. Se há algum sentido em pensar o território pela noção de *genius loci* esse deve incluir as contradições e não uma ideia consensual.

O discurso técnico. É importante olhar para o projeto não só como um produto do capital, mas entendê-lo como um processo em que o arquiteto está totalmente implicado. Ou seja, o arquiteto é o sujeito dessa narrativa discursiva. Portanto, não há posição neutra que possa estar escondida atrás de um discurso técnico-científico do saber-fazer. Por outro lado, o saber não está só do lado do arquiteto, mas há também um saber que é constituído pela vivência e experiência que só os habitantes envolvidos têm. Nesse sentido, deve haver um compromisso ético com a realidade em questão, que possa reconhecer valores intrínsecos à comunidade e suas expressões estéticas.

As referências arquitetônicas. É preciso ter consciência que organizar um pensamento de projeto, utilizando referências arquitetônicas consagradas pelo mercado como algo a seguir, é fechar o campo semântico sempre no mesmo e no igual. É tomar as imagens como modelares dentro de uma lógica hegemônica em que outras imagens são automaticamente excluídas. Além disso, é necessário repensar a noção de imagem. É preciso não mais operar por uma noção de imagem como figura a ser reproduzida ou a ser seguida. Precisamos pensá-la como ato de dilaceração das noções identitárias que a imagem figurada carrega em si. Nesse sentido, as imagens devem ser pensadas para além de seu caráter representativo.

O partido geral. É preciso partir o partido. Partir o partido significa operar por montagens, reconhecendo as diferenças sobrepostas e não hierárquicas. É preciso abandonar noções como "diretrizes ordenadoras" e toda uma narrativa discursiva hierárquica que ainda habita a academia. No texto

"Partido partido", propomos repensar o partido menos como "algo-que-organiza-uma-ideia" e mais como "algo-que-identifica-uma-diferença". "É uma forma de relação entre partes de um mesmo processo de projeto, devendo ser visto não como encerramento ou início, mas como peça de sua continuidade", e ainda, "como forma aberta de um processo *in progress* (em andamento), formulando mais direcionamentos a respostas e menos respostas em si"[63]. A noção de algo-que-organiza-uma-ideia permite e reforça a noção de um sujeito condutor do processo, eliminando a possibilidade de uma construção coletiva.

Inserir, então, o ato político no projeto é romper com a borda excludente produzida pelas certezas do processo resolutivo a fim de que seja possível pensar esse processo como algo aberto e inclusivo de outras narrativas discursivas minoritárias e marginais. É operar no plano do sensível como um ato político, tal como Rancière propõe, tomando a política como estética devido ao fato de se apresentar como um modo de determinação no sensível. Com isso, quer dizer que há um tipo de expressão no plano do sensível que distribui, no sentido de incluir e excluir (ao mesmo tempo) modos de expressão – sejam eles os modos de ser, de fazer ou de dizer.

É preciso ficarmos atentos às práticas excludentes para denunciá-las e rompê-las. Devemos nos deslocar de certas práticas que produzem modos de expressão do igual, daquilo que a narrativa discursiva imagética postulada pelo capital consagrou como exemplar, operando com polêmicas de inclusão e exclusão.

---

[63] Reyes; Giorgi, 2016, p. 14.

Para Rancière, a ordem política está para fora das identidades e de qualquer registro de função preestabelecido. Então, é nesse cruzamento entre estética e política que posiciono o ato de projeto. Posicionar o projeto no âmbito entre estética e política nos permite romper, ou pelo menos estranhar, a noção de consenso a fim de incluirmos as diferenças que estão na base de um pensamento sobre a cidade.

É preciso nos deslocarmos dos lugares de conforto das certezas postas por procedimentos que nos encaminham para as certezas. Estamos aqui advogando por uma ideia de projeto menos como forma de realização de cidade e mais como forma de pensamento. Portanto, pensemos o projeto! Para isso, precisamos que o projeto não se realize (pelo menos, não da maneira como está sendo realizado pelo capital).

Ao colar completamente na ideia de uma resolução, o projeto descola-se do problema, dos conflitos, das ambiguidades, das diferenças. É preciso abrir o projeto para outras vozes. É preciso falhar. É preciso falhar nesses modelos do capital para que novos espaços surjam.

O político se instala no processo de projeto quando a técnica falha. Produzir um ato político no processo é dar visibilidade a um dano, mas para isso é preciso constituir o dano; é preciso que se possa enunciar que "ele existe". É preciso olhar para as margens. É preciso olhar para aquilo que se produz nas margens como valor de um outro *modus operandi* sobre a cidade.

Rancière tem concentrado sua pesquisa no recolhimento de práticas artísticas que põem em pauta o valor do cotidiano como algo que produz beleza no seu "nada", na sua vida ordinária, para além das espetacularidades do capital. Para isso, ele rompe com a lógica clássica de representação, diferenciando três regimes para a arte. Esses regimes são caracterizados por ele como modos de fazer, modos de dar visibilidade e modos de pensabilidade.

Ele pretende pensar "as novas formas de arte", referindo-se basicamente à produção do século XX. Já de início, não acredita que as noções de modernidade ou de vanguarda possam dar conta de um pensamento das artes. Rancière afirma que se há algo a recuperar na ideia de modernidade é a noção de uma vanguarda que, em vez de se ocupar com a "novidade artística", se ocupa com a "invenção de formas sensíveis e dos limites materiais de uma vida por vir"[64]. Ele afirma que há nisso um deslocamento de um pensamento autônomo e fechado no campo da arte para dentro do sensível da vida cotidiana.

Essas duas visões de vanguarda oscilam entre uma mais "estratégica", que se apoia numa noção de inteligência política, concentrando as condições de transformação, e outra mais "estética", que produz novos modos de experiência sensível, antecipando uma comunidade por vir, nos diz Rancière. "A noção de modernidade estética recobre, sem lhe atribuir um conceito, a singularidade de um regime particular das artes, isto é, um tipo específico de ligação entre modos de produção das obras ou das práticas, formas de visibilidade dessas práticas e modos de conceituação destas ou daquelas"[65], ou seja, o fazer, o ver e o pensar.

Esses regimes de identificação são: o regime ético das imagens, marcado pelo pensamento de Platão; o regime poético ou representativo das artes, marcado pelo pensamento

---

[64] Rancière, 2009, p. 43.
[65] Rancière, 2009, p. 27.

de Aristóteles; e o regime estético das artes, marcado pelo pensamento da modernidade.

O primeiro regime, que Rancière nomeia de Regime Ético das Imagens, está relacionado ao pensamento platônico em que as imagens não representam os originais e estão vinculadas a um determinado comportamento ético e moral daqueles que contemplam e experienciam tais imagens. Rancière afirma que aqui ainda não se fala de artes, mas de imagens, tomando essas imagens conforme o seu teor de verdade (origem das imagens), e o seu destino (usos e efeitos).

Esse período platônico é marcado pela discussão do simulacro, passando pelas noções do estatuto e dos significados de tais imagens. "Para Platão, a arte não existe, apenas existem artes, maneiras de fazer. E é entre elas que ele traça a linha divisória: existem artes verdadeiras, isto é, saberes fundados na imitação de um modelo com fins definidos, e simulacros de arte que imitam simples aparências."[66] Rancière justifica o fato de nomear esse período como um "Regime Ético das Imagens" porque é através da inserção das imagens do poema que uma certa educação é partilhada no cotidiano da cidade, produzindo uma maneira de ser e um certo *ethos* coletivo.

O segundo regime é o Regime de Identificação Poético ou Representativo das Artes e está relacionado ao pensamento aristotélico, em que as artes como atividades técnicas estão dissociadas de um sentido ético ou de um efeito moral, sendo submetidas a regras de verossimilitude e produzindo uma certa estabilidade entre produção e percepção.

---
[66] Rancière, 2009, p. 28.

No pensamento aristotélico, essa relação entre a *poiesis* (criação artística] e a *aisthesis* (percepção e sensibilidade do público) é estável – a *mimesis* é essa relação entre a *poiesis* (fazer) e a *aisthesis* (perceber). Para Rancière, "a invenção artística estava em consonância com uma certa ordem hierárquica do mundo, ordem essa que determinava os temas passíveis de serem representados, bem como as formas de representação mais adequadas aos temas eruditos (*high*) e populares (*low*). Aos temas nobres da tragédia e da pintura de episódios históricos opunham-se os temas vulgares da comédia e da pintura de gênero, deixando nas margens da arte as formas que não cabiam nesses moldes, como, por exemplo, o romance, caracterizado por uma mistura de personagens, situações e linguagens"[67]. A *mimesis* aristotélica impõe mais uma maneira de ser do que uma maneira de representar ou se constituir como uma cópia da realidade.

O terceiro regime Rancière nomeia de Regime de Identificação Estético das Artes. Marcado pela noção de estética, esse regime borra as diferenças hierárquicas entre obras e se instala na experiência dos museus, pois retira a arte dos castelos, palácios e igrejas. Portanto, rompe com a ordem representacional aristotélica "que tinha como base o pressuposto de uma harmonia natural entre a *poiesis* produtora das obras e a *aisthesis*, ou seja, o meio sensível no qual tais obras eram recebidas e onde produziam efeitos específicos"[68]. Esse regime dissocia, então, a produção da recepção. Ou seja, desarticula ou desvincula a *poiesis* da *aisthesis*, produzindo uma espécie de suspensão, expressa em um "fazer nada".

---

[67] Rancière, 2011, p. 04.
[68] Rancière, 2011, p. 05.

Nesse regime estético, "o tempo deixou de se apressar em direção ao seu fim. Deixou de devorar, como Saturno, os seus filhos. O 'momento qualquer' formulado por Erich Auerbach como princípio da ficção de Virginia Woolf é precisamente isso: o momento que nada mais constrói ou destrói, que não tende para nenhum fim, mas se dilata infinitamente, incluindo, virtualmente, todo o tempo e todo o lugar outro. Um tempo da coexistência, tomado pela liberdade do espaço"[69].

Rancière recupera essa noção de "momento qualquer", apresentado no livro *Mimesis* de Erich Auerbach, como um desejo ou uma promessa de uma humanidade vivida em um comum. A escolha de Auerbach é por aqueles acontecimentos que pouco significam na vida ordinária, ou seja, o mais insignificante é tomado como referência ao futuro. A ação dos grandes personagens ou das grandes narrativas cedem ao ponto de vista daqueles personagens que pouco agem.

Rancière afirma que, pelo menos à primeira vista, Auerbach escolhe um "caminho que evita ao mesmo tempo o agenciamento construído das intrigas ficcionais e a vida comum dos homens"[70]. Mas isso ocorre porque, segundo ele, Virginia Woolf escolhe falar de uma vida comum da Humanidade, arruinando as ações lógicas da ficção e optando por narrar um momento qualquer.

O "momento qualquer" de Auerbach é aquele tipo de narrativa que opta por construir uma vida em comum da Humanidade, descrevendo cenas do cotidiano por mais anódinas que possam parecer, justamente por apresentarem

---

[69] Rancière, 2019, p. 104.
[70] Rancière, 2019, p. 117.

coisas elementares existentes na vida de qualquer um, diferentemente da lógica da narrativa ficcional que opera por encadeamento de ações.

Na lógica aristotélica, a racionalidade poética dos encadeamentos serve àqueles que têm o direito de agir ou postular grandes feitos por sua conta e risco, os chamados homens ativos (aqueles que vivem no tempo dos fins). São aqueles que, diferentemente dos homens passivos, cujo tempo é só para a sobrevivência, têm tempo a dispor para além das necessidades básicas. Há, portanto, nessa lógica aristotélica, dois modos de habitar o tempo: o dos que têm o direito da experiência de um tempo vazio e o dos que só têm o tempo da sobrevivência.

No entendimento de Rancière, "não foi no campo da realidade social global que a hierarquia dos tempos e das formas de vida foi quebrada, mas, ao contrário, naquele da sua suspensão, da entrada dos indivíduos quaisquer nesse tempo vazio que se dilata como um mundo de sensações e paixões desconhecidas"[71]. É pela ficção que os que "nada eram se tornam tudo. Mas tornar-se tudo, na ordem ficcional, não é tornar-se a personagem principal da história. É tornar-se o próprio tecido no seio do qual – pelas malhas deste – os acontecimentos se entrelaçam uns aos outros"[72]. Para Rancière, então, o "momento qualquer", diferentemente das exclusões do tempo aristotélico, é a coexistência e o compartilhamento de um mesmo tempo, tornando visíveis aqueles que sempre foram invisíveis.

---

[71] Rancière, 2019, p. 120.
[72] Rancière, 2019, p. 121.

Com isso, Rancière recupera pela ficção a emancipação do sujeito. Por vezes, se, por um lado, esse discurso se apresenta excessivamente idealista, por outro lado, dá existência a um novo pensar. O que ele tenta é dar visibilidade para um "mundo comum" que é construído pela ficção através das palavras. "Mas esta inclusão do excluído não é a supressão das diferenças numa universalidade que as transcende nem o reconhecimento da sua coexistência pacífica. É antes a inclusão violenta numa forma de comunidade sensível daquilo que mesmo que a faz explodir, a inclusão numa linguagem do que escapa a essa linguagem."[73]

Entremos nós também pelo mundo da ficção para pensarmos o projeto. Habitemos juntos com Bartlebys, com Estragons, com Raimundos esses universos do projeto. É justamente a partir dessas vidas quaisquer que habitam um tempo vazio que me proponho a pensar criticamente o processo de projeto. A inserção do ato político no processo de projeto é, sobretudo, a inserção de uma interdição ao seu momento resolutivo.

É preciso buscar um desvio nesse processo. Se o projeto é um ato de resolução assertiva, preciso, que busca o foco, o que significa, então, pensar o projeto por desvio? Desvio não é aqui tomado como o ir e vir de um pensamento criativo. Desvio não é, tampouco, a negação total do projeto. Desvio aqui é um procedimento de radicalização. Ou seja, é fazer com que, desde o início do processo (o momento da sua enunciação), o enunciado do projeto não se feche em uma única imagem, mas que carregue a sua contradição. Radicalizemos o projeto! Busquemos uma narrativa por vir!

---

[73] Rancière, 2019, p. 123.

4
[ESPAÇAMENTO]
produção de vazio

É preciso produzir um vazio. Habitemos esse vazio. É preciso ganhar tempo. Adiemos a resolução, busquemos outras lógicas! É preciso descentrar para habitar as margens! Mas para isso é preciso abrir espaço de pensamento – um espaçamento, um espaço de crítica. Uma reflexão crítica que só pode ocorrer se suspendermos a noção de projeto realizável e operarmos por um pensamento "não realizável". Busquemos deslocamentos pelas narrativas ficcionais para que um novo pensamento possa se instalar.

Habitar o mundo da ficção permite construirmos analogias que desconfigurem o sentido excessivo da resolução e nos incitem a imaginar. Imaginar pela narrativa ficcional significa produzir um afastamento no excessivo caráter resolutivo do projeto ao remeter a um tipo de pensar livre de um constrangimento dado pelo executável. Significa, também, impor à realidade alternativas outras que não a já estabelecida, desnaturalizando a narrativa discursiva da lógica do capital – pensar, assim, o projeto em toda a sua extensão, do realizável ao irrealizável.

Faz parte da ficção a imaginação. A imaginação permite pensar o real, deslocando seus sentidos excessivamente realistas. Isso não pretende ser um exercício que negue totalmente o real, mas que produza nele um deslocamento. Deslocamento tal como proposto por Didi-Huberman em *Imagens apesar de tudo*: "para saber é preciso imaginar-se"[74]. Ou seja, articular imaginação ao processo operativo sobre a imagem é incluir-se no processo. Logo, é preciso se imaginar no processo de projeto.

Pensar o projeto pela realidade da ficção, longe de servir a um deleite criativo do projetista, deve deslocar um tipo de narrativa discursiva que, por vezes, se instala como a única alternativa. É preciso deslocar o sentido de projeto imposto por um modelo hegemônico excludente. Portanto, a ficção nos permite produzir outro sentido de projeto que recupere as existências que estão à margem, abrindo espaço para outro tipo de pensamento de projeto que não seja aquele da designação.

A ficção constrói outras narrativas discursivas para fora da borda – narrativas por vir. Ao retirar o foco da centralidade, habita as margens, buscando um momento qualquer, uma vida qualquer. "São bordas de história, quase-histórias que desenham as bordas de toda a história, os momentos em que a vida se separa de si mesma enquanto se conta, enquanto se transforma em 'vida verdadeira': uma vida que não tem justamente bordas e que desse modo contradiz o princípio aristotélico de qualquer ficção: o que afirma a necessidade de haver um princípio, um meio e um fim, dirigindo-se do pri-

---

[74] Didi-Huberman, 2012, p. 15.

meiro para o último através de um encadeamento concertado de causas e efeitos."[75]

Há de se produzir uma suspensão no sentido de designação presente no processo de projeto. Para isso, vamos ao encontro de um espaço de pensamento como um momento de reflexão passiva que, na espera, é capaz de achar novas possibilidades, novas narrativas discursivas que apontem para um acontecimento por vir, sem se ocupar com resultados imediatos nem formalizações apressadas.

É preciso habitar o ainda-não do projeto. Habitar aquele lugar da potência. Potência no sentido dado por Agamben: como resistência que produz um campo de forças. Para Agamben, a potência não é simplesmente o estado anterior ao ato, mas a possibilidade da instauração de uma resistência por dentro da própria potência como potência-de-não. Ou seja, a potência carrega para o ato o seu contraponto, a potência-de-não. Em *O fogo e o relato*, ele pensa essa resistência como íntima e irredutível do acontecer e não-acontecer, e é justamente isso que produz um "campo de forças". Nesse campo de forças, a resistência surge como potência-de-não, diferente da potência que se realiza em ato pela habilidade e pelo talento. Estamos aqui na "contingência", ou seja, naquilo que poderia ser de outra maneira.

Projetar nessa direção é não aceitar de imediato as respostas fáceis que surgem como resolução e como um fechamento do processo de projeto. É buscar visualizar os pontos de conflito. Pensar pelo conflito não significa reduzir o projeto ao impasse, mas ampliar seu nível de complexidade e abertura para o diverso. É produzir uma ruptura com

---

[75] Rancière, 2019, p. 138.

o movimento de resolução e de eficiência produzido pela narrativa discursiva do capital. É apostar em outro sentido de narrativa. Não mais numa narrativa que relata o ocorrido, mas aquela que aposta num acontecimento por vir, como propõe Maurice Blanchot. Busquemos esse outro sentido para narrativa. Escutemos Maurice Blanchot. Para ele, "a narrativa não é o relato do acontecimento, mas precisamente esse acontecimento, a aproximação desse acontecimento, o lugar onde este é chamado a produzir-se, acontecimento ainda por vir e graças a cujo poder de atração a narrativa pode esperar, também ela, realizar-se"[76].

Podemos aproximar esse sentido de narrativa por vir daquilo que Agamben chama de "desativação funcional" como forma de "poética da inoperosidade"[77]. Para ele, nem a potência nem a forma tem na potência-do-não a sua negação, mas são expostas por ela. Caminham juntas, em uma eterna tensão dialética, produzindo o que ele chama de inoperância, como algo que se abre para possibilidades, para um por vir. Essa poética da inoperosidade inclui, além da dimensão estética, a política, no sentido de abrir um agir para outros usos. É justamente por aqui que pensamos o projeto: por essa "poética da inoperosidade".

Deste modo, então, proponho pensar o projeto como narrativa por vir, aproximando-o desse vazio posto pela potência como campo de forças a partir de três movimentos como uma atitude de radicalização: uma negativa, uma torção e um espaçamento – a negativa interrompe; a torção

---

[76] Blanchot, 2018, p. 18
[77] Agamben, 2018.

abre; e o espaçamento adia. Pensemos esses três movimentos pela ficção.

A negativa é uma interrupção em um fluxo tornado natural. É romper com a naturalização de um processo, impondo ao sistema resolutivo do projeto uma interdição, um não! A interdição pelo "não" é muito mais um corte em uma lógica resolutiva e consensual e menos um ato simples de rejeição. Nesse sentido, o "não" é operativo e não imobilizador, ou melhor, é justamente no ato de interromper que ele se mostra produtivo. Ou seja, ao funcionar como uma negativa a qualquer traço que se pretenda identitário dentro de uma narrativa discursiva hegemônica, produz outro tipo de pensamento – um pensamento mais político e menos técnico no processo de projeto. É, acima de tudo, romper com a borda.

A interdição do ato, do eis-então, desvincula o projeto de um sentido de narrativa de presente do futuro e remete a um presente do passado. É ainda uma promessa de retorno às origens do projeto, momento em que se instala o processo de enunciação. Retornar à origem, ao ainda-não, é voltar às condições que deram origem ao projeto. É olhar novamente o enunciado. É postar a narrativa não mais como configuradora, como queria Ricouer, mas como promessa de um por vir, como nos diz Blanchot.

Instala-se aqui o segundo movimento: a torção do enunciado.

Com a torção se produz um duplo dialético: o ser e o não-ser. E é nesse duplo dialético que é possível instalar um campo de forças como resistência ao processo de projeto. Torcer o enunciado é produzir uma abertura. É, portanto, um movimento de ruptura com a origem identitária que se constitui já no momento em que o projeto inicia sua configuração.

É escapar da imagem-narcísica como modeladora de uma narrativa discursiva homogênea.

Pensemos isso, por exemplo, pelo discurso de "revitalizar", muito presente nas ações dos projetos urbanos. Instalar a resistência no ato de revitalizar é impor a seu enunciado seu contraditório: o não-revitalizar. Ao ser (revitalizar), característico dos enunciados de projeto, opõe-se o seu contraditório, o não-ser (não-revitalizar), produzindo um pensamento dialético formado por uma contradição desde o início. Essa construção dialética permite que se instale a dúvida nas certezas da narrativa de um projeto resolutivo. Assim, a dúvida produz uma abertura para o diverso, para aquele outro que não estava contemplado no momento da partilha do sensível.

É aqui, justamente aqui, que o resultado da torção dialética do enunciado produz algo. Não uma resolução, mas uma possibilidade de algo vir a ser. Abre-se um espaço, um espaçamento. Um espaçamento que permite a instalação de uma poética da inoperosidade em relação aos sentidos excessivamente esperados das resoluções eficientes do projeto.

Entramos aqui no terceiro movimento: o espaçamento. O espaçamento é o tempo no projeto. É a oportunidade de produzir um adiamento no processo de projeto para abrir um espaço de pensamento. Tal como afirma o artista Gordon Matta-Clark, é produzir outro tipo de pensamento a partir das rachaduras, dos cortes do processo resolutivo. Esse espaçamento tem uma dimensão temporal outra que não a dos processos eficientes do capital. Há nisso uma condição de espera, um adiamento dos processos que têm pressa. Uma espera que não permite que o ato se complete. Algo fica em aberto, sem deixar-se completar. É permanecer no ainda-não do processo de projeto, no seu momento de potência, no momento de um vir-a-ser. É manter por mais tempo o projeto na sua potência e não o encaminhar à sua resolução.

Essa outra possibilidade de pensamento de projeto que estou propondo aqui tomará como disparador esses três movimentos (negativa, torção e espaçamento) que serão acompanhados por três obras ficcionais: *História do cerco de Lisboa*, de José Saramago, para pensarmos a negativa; *Bartleby, o escrevente. Uma história de Wall Street*, de Herman Melville, para pensarmos a torção; e *Esperando Godot*, de Samuel Beckett, para pensarmos o espaçamento.

Na *História do cerco de Lisboa* José Saramago narra uma parte da história de Lisboa, contada pela perspectiva de um revisor de texto chamado Raimundo Benvindo Silva. Um Raimundo entre tantos possíveis Raimundos. Um ser qualquer. Com pouco mais de cinquenta anos, ele leva a vida a revisar textos. Está agora a cargo de revisar a *História do cerco de Lisboa*. Precisa entregar as provas do livro e ainda está a revisar. Frente à pressa da editora para que ele finalize a tempo a revisão, Raimundo faz uma última leitura para verificar se não deixou escapar nenhuma gralha. Mas ao olhar tantas informações sobre o referido acontecimento, depara-se com uma passagem da história: "os cruzados auxiliarão os portugueses a tomar Lisboa".

Seu olhar, atento e fixo, lê e relê tal passagem. Ao reler detidamente a história a fim de corrigir erros gramaticais ou de digitação, Raimundo decide fazer uma pequena alteração na história narrada. Onde se lê que "os cruzados auxiliarão os portugueses a tomar Lisboa", ele "corrige" a história com a inserção de um "não". "Com a mão firme segura a esferográfica e acrescenta uma palavra à página, uma palavra que o historiador não escreveu, que em nome da verdade histórica não poderia ter escrito nunca, a palavra NÃO, agora o que o livro passou a dizer é que os cruzados NÃO auxiliarão os portugueses a conquistar Lisboa."[78]

A partir dessa atitude, em vez de ser demitido (que afinal é o que ele imagina que vai acontecer devido à gravidade do caso), ele é convidado pela editora a contar essa outra história. "A de escrever uma história do cerco de Lisboa em que os cruzados, precisamente, não tenham ajudado os portugueses, tomando portanto à letra o seu desvio."[79]

Não avançaremos nessa história, mas dela reteremos a inserção do não. Pensemos o que significa a inserção dessa pequena e única palavra, o que acaba por mudar completamente o rumo da história. O "não" aqui nessa situação está para além de uma simples negativa. É muito mais do que isso. É um corte naquilo que é tomado com uma certa "normalidade" ou que se apresenta estável. Portanto, é uma interrupção de um fluxo.

Ao alterar a história, mesmo que ficcionalmente, Saramago nos permite pensar a mesma história por outra perspectiva, produzindo um certo desconforto com a história real. Coloca na mão de um ser qualquer contar uma outra história. Uma história que poderá ser contada levando em consideração outros fatores, outros olhares.

É justamente esse desvio da narrativa que o "não" impõe que penso ser necessário a um pensamento de projeto

---

[78] Saramago, 1989, p. 50.
[79] Saramago, 1989, p. 109.

que naturaliza práticas hegemônicas de produção do espaço com fins de hipervalorização pelo capital. Portanto, instaurar o "não" no processo projetual significa também retirar o debate da centralidade dos "eleitos" da partilha e levá-lo às margens – levar o olhar aos que não tomaram parte dessa partilha do sensível. Levá-lo ao mundo dos quaisquer. Assim, esse primeiro movimento permite romper com um tipo de narrativa discursiva de projeto que tem excessiva centralidade em processos de exclusão.

Paremos um pouco. É preciso habitar esse silêncio. Habitar esse nada. É preciso ficar um pouco no instante presente. É preciso re (ver) o processo. Desviemos o olhar. Desviar é renunciar à intenção. É, como afirma Molder em *Semear na neve*: "Renunciar 'à corrente interrupta da intenção' é a prova mais autêntica da existência da contemplação, esse regresso laborioso, minucioso, à coisa, essa respiração incessante."[80]

Mudemos de perspectiva. Não mais a olhar o futuro, mas a olhar o passado. Retornemos ao momento de origem do projeto como um novo impulso tal como afirma Molder: "a contemplação recebe não só o impulso do seu recomeço constante, como também a justificação da sua rítmica intermitente, por isso a contemplação filosófica não teme, nem se preocupa em perder o seu impulso: a reunião faz-se a partir de coisas avulsas, heterogêneas, isoladas, as coisas da grande dispersão, dos gestos incompletos, dos pensamentos marcados pelo mutismo, das palavras que não foram proferidas."[81]

---

[80] Molder, 1999, p. 151.
[81] Molder, 1999, p. 151.

Esse recomeço não ocorre mais da mesma maneira. É preciso não só retornar ao ponto de origem do projeto, mas, sobretudo, operar de maneira diferente sobre o início da enunciação. Trata-se de retornar para avançar. Retornar em outras bases. Como dizia Beckett: "De volta é adiante. De algum modo adiante. Desde agora de volta só. Não mais desde agora ora de volta e ora de volta adiante. Desde agora de volta só. De volta por de volta adiante. De volta por de algum modo adiante. De volta desdizer melhor pior por nenhuma extensão mais. Se mais penumbra menos luz então melhor pior mais penumbra. Desdito então melhor pior por nenhuma extensão mais. Melhor pior pode nada menos que menos ser mais. Melhor pior o quê? O dizer? O dito. Mesma coisa. Mesmo nada. Mesmo tudo porém nada."[82]

Voltar para parar. Parar para pensar. Parar o fazer. Instalar agora o pensar-fazer. Deslocar o projeto desse "ato de fazer" para o "ato de pensar" (do saber-fazer para o pensar-fazer). É preciso não só romper o sentido de realização e posicioná-lo como potência, mas operar de outra maneira sobre o enunciado. É necessário abrir dialeticamente o enunciado para que surja seu contraditório. Entramos aqui no segundo movimento.

Torcemos o enunciado. Exatamente! É preciso abrir o enunciado a partir de um movimento de torção. O que a torção faz é inserir no processo o que antes era impensável, ou seja, a partir de um pensável torcido é possível abrir espaço para a existência daquilo que ali sempre esteve, mas que era impensável até esse momento. Pensemos, por exemplo, novamente nas revitalizações. Às práticas de revitalização

---

[82] Beckett, 2012, p. 82.

impomos seu contraditório, a não-revitalização. Aos discursos do capital (de que é preciso criar nova dinâmica em determinado lugar em detrimento das existências históricas que ali habitam) impomos um reconhecimento e um reforço da necessidade de manutenção dessas existências históricas. Assim, operamos o projeto carregando esse contraditório entre revitalização e não-revitalização, ao mesmo tempo, suportando e explicitando o conflito. Isso é, ao meu ver, instalar no processo de projeto em urbanismo o sentido político dado por Rancière.

É preciso olhar para essas contradições que estavam postas desde o início do processo e que foram apagadas pela lógica "policial" de projeto expressa pela força do capital em detrimento da vida vivida. Portanto, habitar a origem do projeto não é só ir ao início, mas é olhar para as condições que orbitavam o seu nascimento. É, seguindo no exemplo dado, reconhecer que há vitalidade nesses lugares antes de assumir apressadamente uma narrativa discursiva da revitalização. Deparemo-nos com o que está a nascer. Pensemos suas contradições. Não escapemos a elas.

Essa torção produz uma narrativa paradoxal entre um "fazer" e um "não-fazer", entre um "ser" e um "não-ser" e se expressa como um "preferiria não" tal qual enunciava Bartleby. Ou seja, é um ato contingente, como aquilo que pode ou não vir a acontecer ou existir. Esse caráter conflitivo entre ser ou não ser é que nos permite pensar o projeto como uma narrativa que não se fecha em um "ser", em uma identidade, mas que deve carregar em si, o tempo todo, sua contradição, o "não-ser", a diversidade. É compreender a narrativa menos como configuração (Ricouer) e mais como um acontecimento por vir. A narrativa se constrói no seu próprio movimento de constituição, mas sempre aberto ao inesperado. "A narrativa é o movimento para um ponto, não apenas desconhecido, ignorado, estranho, mas tal que parece não ter, antecipadamente e fora desse movimento, qualquer espécie de realidade, e tão imperioso no entanto que só ele atrai a narrativa, de modo que esta nem sequer pode 'começar' antes de o ter atingido, e no entanto apenas a narrativa e o movimento imprevisível da narrativa fornecem o espaço onde o ponto se torna real, poderoso e atraente."[83]

Olhemos o universo de Bartleby, o escrivão de Wall Street. Bartleby é um perfeito funcionário, que diariamente realiza com prontidão e eficiência suas tarefas de copista e conferencista. Tudo segue bem até que um dia ele "preferiria não" fazer suas tarefas. Essa atitude rompe com toda uma lógica de funcionamento do escritório. A negativa de realizar as tarefas que a ele eram designadas acaba por funcionar como uma suspensão de um saber-fazer. Bartleby sabe-fazer, mas "preferiria não". Isso suspende uma lógica da ação e impõe uma reflexão sobre tudo o que está em torno dela.

Ao longo da história, a resposta de Bartleby impõe ao seu contexto um certo desmoronamento. O escritório altera sua dinâmica cotidiana até um ponto em que não há outra saída senão fechar. Mas mesmo assim, fechado, o problema não se resolve, pois Bartleby permanece corporalmente habitando os corredores do edifício, até que um dia... Paremos aqui. Dessa história, reteremos a fórmula proposta por Melville: "preferiria não".

---

[83] Blanchot, 2018, p. 19.

Pensemos o projeto a partir deste enunciado: preferiria não. O enunciado de Bartleby rompe com a assertiva do futuro do presente (será) e permite que se pense pelo futuro do pretérito (seria). A vantagem de pensar o projeto pelo futuro do pretérito é que a ação futura está sempre condicionada a outros fatores – seria assim, se tais fatores... Nota-se que o "preferiria não" está longe de se impor como uma simples negativa. Ele é muito mais do que isso: é posicionar um fluxo em um lugar de suspensão ativa, ou seja, sempre pronto ao ato, mas ainda não.

Diferentemente do projeto pensado pelo futuro do presente, em que algo é determinado e fechado no seu desejo; estamos no futuro do pretérito, em um campo aberto, em um por vir. Assim, não se remete a ação a um futuro do presente como promessa de resolução, mas a um futuro do pretérito como uma suspensão.

O "preferiria não" de Bartleby nos posiciona no tempo do "ainda-não" do projeto. Habitemos esse tempo do "ainda-não". Proponho aqui essa fórmula para pensar o projeto: o "ainda-não".

O ainda-não é uma interrupção no processo de resolução do projeto. É preciso, então, retornar à origem do ainda-não. Não ao início do projeto, mas às condições que lhe foram negadas desde o início. O advérbio de tempo "ainda" articulado a negativa "não" desloca o sentido de uma simples negativa ou interrupção no fluxo das coisas para a instauração de uma promessa.

O ainda-não é uma promessa temporal de um por vir. É um "por enquanto não", neste momento, não. Talvez em um futuro breve, mas ainda não. Há nisso uma suspensão do tempo, da urgência do tempo, urgência essa que é marca da produção capitalista – "tempo é dinheiro". O ainda-não, ao suspender a urgência do capital, constrói um espaçamento para a instauração de um novo modo de pensamento.

O ainda-não retarda o eis-então. Fiquemos nesse tempo suspenso, nesse momento qualquer. "Mas o momento qualquer não é apenas o átomo indiferente deste tempo da coexistência. É também o momento da oscilação sobre a exata fronteira entre o nada e o tudo, o momento do encontro entre os que vivem no tempo dos acontecimentos sensíveis partilhados e aqueles que vivem no fora-do-tempo onde já nada é partilhado e nada mais pode vir a acontecer."[84]

Bartleby habita esse tempo. Habita esse momento qualquer entre ser nada e tudo ao mesmo tempo. O que faz Bartleby é se inserir no tecido social, colocando em suspensão toda uma ordem, a ponto de romper com todo tipo de relações que entrelaçam de maneira hierárquica uma possível normalidade da vida cotidiana. "É também essa potência de fragmentação, essa potência de multiplicação que faz explodir o tempo dominante – o tempo dos vencedores – no ponto preciso da 'vitória' mais certa: nessa margem do nada para onde ele relega os que estão fora da palavra e fora do tempo."[85]

Essa ruptura que o enunciado torcido produz cria espaço de pensamento. Tempos de reflexão. Novos modos de operar. Estamos aqui no terceiro movimento: no espaçamento. É preciso ganhar tempo. Adiemos! Pensemos esse adiamento a partir de uma imagem literária: a de *Esperando Godot*, de Samuel Beckett.

---

[84] Rancière, 2019, p. 122.
[85] Rancière, 2019, p. 136.

Protegidos por uma árvore seca em um lugar qualquer e em um tempo qualquer, estão Vladimir e Estragon a esperar. Esperam Godot. Godot pode ser alguém, um qualquer, mas também pode ser um momento, uma saída, uma possibilidade outra. Não importa quem seja Godot; importa a espera. A espera toma conta e dá sentido a essas duas almas em uma mesma experiência. Godot é tudo aquilo que se espera, no sentido de esperança, mas é ao mesmo tempo um adiamento no ciclo comum do cotidiano. É aquele momento de tornar o contínuo em uma promessa, um vir-a-ser. "O ato de esperar não resigna: ele é apaixonado pelo êxito em lugar do fracasso. A espera, colocada acima do ato de temer, não é passiva como este, tampouco está trancafiada em um nada. O afeto da espera sai de si mesmo, ampliando as pessoas, em vez de estreitá-las: ele nem consegue saber o bastante sobre o que interiormente as faz dirigirem-se para um alvo, ou sobre o que exteriormente pode ser aliado a elas. A ação desse afeto requer pessoas que se lancem ativamente naquilo que vai se tornando [Werdende] e do qual elas próprias fazem parte."[86]

Esse tempo de espera não só interrompe a pressa da narrativa policial, da ordem, mas, acima de tudo, abre espaço e tempo para ir ao encontro de outras possibilidades. Há nisso um espaçamento que é resultado dessa dilatação do tempo e que nos permite encontrar outras vozes, outras narrativas de projeto.

Nesse ainda-não, estamos gestando novas possibilidades, novas origens. "Origem não é gênese, não é vir-a-ser daquilo que se gerou, não é o tornar-se fático do nascimento [...] origem designa, então, o movimento de algo que está

---

[86] Bloch, 2005, p. 13.

a nascer, constantemente a nascer a partir do vir-a-ser e do perecer, aquilo que está sempre à beira de nascer no devir e no perecer."[87]

Se a torção permitiu olhar outro lado que não estava visível, agora com o espaçamento temos tempo para contemplar a contradição, nos permitindo rasgar o processo a fim de inserirmos novas narrativas não presentes no enunciado original, narrativas por vir. Adiemos o tempo. Temos tempo. Estranhemos toda uma narrativa que se apresentava como certeza.

"Eis uma das estranhezas, digamos, uma das pretensões da narrativa. Ela não 'relata' senão a si própria, e este relato, ao mesmo tempo que se efetua, produz o que conta, só é possível como relato se realizar o que se passa nesse relato, pois detém então o ponto ou plano onde a realidade que a narrativa 'descreve' pode incessantemente unir-se à realidade enquanto narrativa, garanti-la e encontrar nela a sua garantia."[88] Olhemos ao que se produzirá nesse novo por vir dado por uma narrativa que se efetiva no caminho. Olhemos suas contradições. Olhar para a contradição implica reconhecer esses outros valores que estavam à parte da partilha do sensível.

Podemos agora retornar às imagens carregando as contradições do processo, não mais como imagens-ícones, mas como imagens-ato. Para que isso ocorra é preciso olhar para as imagens não mais como Narciso, que as via como ideal, mas olhar as imagens desconfiando da sua verdade. Como bem o faz Georges Didi-Huberman; destruindo-as.

---

[87] Molder, 1999, p. 71.
[88] Blanchot, 2018, p. 19.

A imagem na concepção de Didi-Huberman é um ato. Contrário à ideia de uma imagem representacional, ele propõe que nos deparemos com as imagens como algo que está para além da sua representação. Segundo ele, é preciso abrir o sentido de imagem, concebendo-a menos como figura figurada e mais como figura figurante.

A figura figurada é aquela que se expressa como uma imagem que representa algo, tem em si marcas de uma similitude com um referente – algo aí significa. Ao contrário, a figura figurante não se fecha em uma imagem, é um ato, um movimento. Portanto, nunca está só representando algo, mas está presente sempre em relação a outra imagem. Pode-se dizer que, enquanto a figura figurada é um algo em si, a figura figurante é uma relação para fora de si.

Então, quando estamos frente a uma imagem, nunca estamos a olhar algo, mas a olhar uma relação, um ato. Estar diante da imagem como ato significa pensar a estrutura da imagem "rasgada, atingida, arruinada tanto no seu centro quanto no ponto mais essencial do seu desdobramento", num sentido de construir um jogo que possibilite a criação de lugares, permitindo o surgimento de uma "potência do negativo"[89].

A potência do negativo na imagem é a possibilidade de uma operação sobre o que está visível na imagem – os traços ordenados da representação – e sobre o que é legível – os traços de significação. É, sobretudo, um jogo de olhar algo que sempre apresenta um resto, algo que sempre escapa ao visível.

Nesse jogo do olhar que a imagem enseja, estamos lidando simultaneamente com quatro noções: o visível (é aqui-

---

[89] Didi-Huberman, 2015a, p. 188.

lo que está à minha frente e é passível de apreensão); o legível (é aquilo que é inteligível); o visual (o que está sempre em falta, o que escapa); a figurabilidade (termo freudiano que significa o que enseja uma narrativa, portanto tem rastro).

A imagem, normalmente pensada na arquitetura como referência arquitetônica, funciona como um ícone, como algo a seguir, como algo a ser tomado como referência daquilo que foi "representado" e, portanto, surge como uma aposta num visível. Ela é tomada como figura figurada. Assim, se reconhecem, no plano do visível, traços de uma autoria que significam algo no âmbito do campo arquitetônico como valores a seguir.

Nessa perspectiva, é a ideia de semelhança, tão cara à arquitetura, que está em jogo – o traço de figura figurada que as referências arquitetônicas carregam em si. O que se pretende aqui é rasgar esse sentido de imagem-ícone para instalar uma imagem-ato no campo da arquitetura. Assim, as imagens não podem ser tomadas pelos seus termos de correspondência, pelo seu mimetismo, mas por suas relações. É um jogo de desfigurar imagens através do choque entre elas para refigurá-las em outros termos.

É imperativo romper com essa concepção de imagem para permitir que a figura figurante possa agir. Portanto, pensar menos no que a imagem significa e mais em como ela pode atuar como imagem figurante. Esse sentido dado à imagem por Didi-Huberman nos posiciona frente à imagem como um "não-saber", como algo que escapa à compreensão imediata e que só pode se manifestar na sua rasgadura através do sintoma.

Didi-Huberman busca essa ideia de sintoma na psicanálise para trazer um sentido daquilo que escapa ao nosso entendimento (um não-saber) no plano da consciência quando nos deparamos com o visível e o legível da imagem. O sintoma é uma manifestação provocada no jogo das imagens (imagem contra imagem) que é da ordem do inconsciente. Rasgar a imagem é forçar a evidência do sintoma no plano do consciente. Mas trazê-la para o plano do consciente não significa apreender toda a significação. Devemos olhar a imagem sempre como incompletude.

Essa noção de "não-saber" torna-se mais evidente no livro *O que vemos, o que nos olha*. Didi-Huberman coloca nesse texto o ato de ver como uma cisão. O olhar abre-se simultaneamente ao que eu olho e a um vazio que me olha. Esse vazio que nos olha é da ordem do sintoma. "O ato de ver não é o ato de uma máquina de perceber o real enquanto composto de evidências tautológicas. O ato de dar a ver não é o ato de dar evidências visíveis a pares de olhos que se apoderam unilateralmente do 'dom visual' para se satisfazer unilateralmente com ele. Dar a ver é sempre inquietar o ver, em seu ato, em seu sujeito. Ver é sempre uma operação de sujeito, portanto uma operação fendida, inquieta, agitada, aberta. Todo olho traz consigo sua névoa."[90]

Trazer consigo sua névoa é ter consciência do não--saber que a imagem carrega em si. É colocar em jogo um processo dialético das imagens. É jogar sempre com a contradição. É pensar as imagens por aquilo que elas não evidenciam. Pensá-las pelo que nelas se apresenta como resto não visível. A contradição se mantém permanentemente como algo que não se deixa sintetizar.

---

[90] Didi-Huberman, 1998, p. 77.

"Aqui não há, portanto, 'síntese' a não ser inquietada em seu exercício mesmo de síntese de cristal: inquietada por algo de essencialmente movente que a atravessa, inquietada e trêmula, incessantemente transformada no olhar que ela impõe."[91] Se há algum tipo de síntese é uma síntese em transformação, algo que nunca se fecha como uma forma estável, ou seja, está sempre produzindo deformações.

Essa síntese, por nunca se fechar, está mais próxima do sentido de sintoma (como aquilo que está sempre abrindo algo novo), podendo ser pensada também pela noção de imagem dilacerante, ou seja, sempre é um ato de produzir novos sentidos e não se encerra em uma forma, mesmo que seja dilacerada.

As imagens em Didi-Huberman buscam sempre esse jogo dilacerante para não se fecharem em imagens identitárias. Transgredir as formas que as imagens produzem não é o mesmo que abandoná-las, mas é operar sobre elas a fim de descobrir novas possibilidades, novas formas. Didi-Huberman raras vezes fala em imagem, no singular, mas em imagens, no plural. Porque a imagem nunca é algo em si, mas um jogo de transgressão, um jogo de imagem contra imagem.

Quando pensamos as referências arquitetônicas no processo de projeto com foco na resolução estamos falando também em imagens, no plural. No entanto, esse suposto pluralismo nunca é da ordem da diferença, mas sempre do igual – são como imagens-sinônimas. As referências se sobrepõem como camadas do mesmo, ou seja, são diferentes versões da mesma coisa. Portanto, deveríamos buscar relações entre diferentes e não identificar traços de similitude. Assim, buscar

---

[91] Didi-Huberman, 1998, p. 117.

relações significa lidar com as diferenças para fugir dos modelos identitários fechados no mesmo.

Essas relações entre imagens que se deformam produzindo um informe são menos para produzir formas semelhantes e mais para produzir formas dessemelhantes, para esmagar suas possíveis semelhanças. Isso significa sair do traço identitário e implicar uma alteridade. É a abertura ao outro que o informe propõe – capacidade essa do informe "em que a forma *se aglutina*, no momento em que o dessemelhante vem tocar, mascarar, invadir o semelhante; e em que a forma, assim desfeita, termina por *se incorporar* a sua forma de referência – à forma que ela desfigura mas não revoga –, para invadi-la monstruosamente por contato e por devoração"[92].

Não se fala, então, o que as formas são, mas o que elas fazem. Portanto, não se busca o traço identitário, mas o momento em que essa identidade foi colocada em questão. Portanto, "a imagem é uma dialética mostrada, uma dialética visualmente *montada*. Porque cada imagem só significa acidentalmente aquilo de que ela é a imagem (as imagens não são 'signos substanciais', signos que significam a substância). Porque uma *dialética da imagem* só pode ser uma *dialética sem síntese*"[93].

Para Didi-Huberman sempre é uma questão de jogo com as imagens para fazer surgirem as indeterminações e as sobre-determinações, significando sempre pôr o múltiplo em movimento. Ou seja, é ir para além do significante, o que só é possível no múltiplo – no múltiplo do n-1 de Deleuze, da-

---

[92] Didi-Huberman, 2015b, p. 149.
[93] Didi-Huberman, 2015b, p. 374.

quilo que nunca se fecha e que não é possível ser remetido a uma síntese. Portanto, é um múltiplo sempre aberto e em movimento, em que as imagens que estão aí implicadas constroem processos de montagens de formas plurais articuladas entre si. Pensemos então as imagens como um conjunto, como montagens.

A noção de montagem em Didi-Huberman vem dos painéis flexíveis de Aby Warburg no *Atlas Mnemosyne*. Nesse atlas, Warburg dispõe as imagens em conjunto a fim de reorganizá-las a qualquer momento. O painel está sempre "pronto", mas sempre exigindo nova configuração. Poderíamos dizer que é uma configuração desconfigurante, pois sempre em movimento de rasgadura.

O configurar da montagem é sempre efêmero. Está sempre disponível a uma leitura para ser novamente desfigurado. Nesse sentido, não há uma identidade a revelar, mas novos significados a nos surpreenderem, permitindo uma visão sempre abrangente. Ter uma visão abrangente sobre o conteúdo do atlas é, na perspectiva de Didi-Huberman, "fazer com que certas coisas ou relações nos *saltem* à vista; mas significa também *não ver*, não captar tudo, não perceber tudo, omitir qualquer coisa que, no próprio '*aperçu*', salta, se nos escapa nas profundezas do não sabido"[94]. Há sempre um resto nas imagens. É preciso imaginar com as imagens.

A imaginação não pode ser reduzida à mera fantasia, mas ela torna-se potente se for pensada como um processo de construção de novos vínculos através de um conhecimento transversal mais heterogêneo. "A imaginação aceita o múltiplo e renova-o sem cessar, a fim de aí detectar novas

---
[94] Didi-Huberman, 2013, p. 243.

'relações íntimas e secretas', novas 'correspondências e analogias', que serão por seu turno inesgotáveis, como inesgotável é todo o *pensamento das relações* que uma montagem inédita será sempre suscetível de manifestar."[95]

Portanto, pensar as imagens pela montagem é colocar em suspensão o próprio estatuto da imagem, pois não há o que ver na imagem, senão imaginar. "Não se mostra, não se expõe a questão da montagem. Não se mostra, não se expõe, senão por meio do *dispor*: não as coisas em si mesmas – porque dispor as coisas é fazer com elas um quadro ou um simples catálogo –, mas suas diferenças, seus choques mútuos, suas confrontações, seus conflitos."[96]

Pensar as imagens dessa maneira pode ser uma possibilidade de romper com a lógica simplista do uso das referências arquitetônicas no campo do projeto em urbanismo. No entanto, é preciso radicalizar o sentido das imagens. É necessário romper com a noção de imagem semelhante para vê-las como operadoras. A noção de imagem como ato intensifica o próprio valor da imagem, retirando-a da sua estabilidade visível e do legível para reposicioná-la no campo da visualidade. Portanto, não deveríamos mais falar em "referências", mas em destruidoras das certezas, operadoras da desordem, produtoras de instabilidade.

O que a montagem faz, na visão de Didi-Huberman, é produzir uma terceira imagem a partir de outras duas já montadas. Ou seja, o significado vai estar sempre para fora das imagens referentes, no sentido de não absorver as di-

---

[95] Didi-Huberman, 2013, p. 14.
[96] Didi-Huberman, 2017, p. 79.

ferenças, mas de evidenciá-las. Portanto, nunca há fusão na montagem.

Esse tipo de operação com as imagens-operadoras e não mais imagens-referências nos permite explodir com uma leitura consensual que o projeto carrega em si como uma centralidade de discurso e remeter o debate às margens. É preciso descentrar as narrativas discursivas que insistem em se colocar como a única alternativa. Gilles Deleuze e Félix Guattari nos dizem que é preciso desterritorializar esse discurso. É preciso aprender com as margens. Habitemos as margens.

Deleuze e Guattari, no livro *Kafka: por uma literatura menor*, designam uma literatura maior como sendo aquela que é resultado de normas gramaticais, formais e oficiais. Por sua vez, uma literatura menor "não é a de uma língua menor, mas antes a que uma minoria faz em uma língua maior"[97]. Uma literatura menor se constitui como atos de resistência aos saberes instituídos pelos campos disciplinares.

Então, o processo de enunciação que configura um discurso narrativo como expressão do capital nos processos de produção do espaço na cidade pode ser considerado uma narrativa maior. Por outro lado, as narrativas que escapam a esse modelo e que estão à parte desse processo hegemônico, habitando as margens, são narrativas menores.

Uma língua menor, no sentido dado por Deleuze e Guattari, produz a desterritorialização da língua; essa desterritorialização como um ato político; e a expressão desse ato político como um ato coletivo. Portanto, uma língua menor se constitui por ser simultaneamente desterritoria-

---

[97] Deleuze; Guattari, 2015, p. 35.

lizante, política e coletiva. Pensemos, então, o que uma língua menor produz em uma língua maior no âmbito das narrativas produzidas nos processos de projeto[98].

Quando pensamos o que uma língua menor faz sobre uma língua maior estamos falando em rasuras que permitem abrir outros sentidos que não estavam dados pelos códigos formais da língua. Desterritorializar a língua significa sair da lógica formal e centralizada dos discursos hegemônicos e buscar as existências que habitam as margens. Ou seja, é retirar do território seguro das identidades que organizam "comunidades dos iguais" e reconhecer outros valores que não estavam contemplados na partilha. É buscar nas margens periféricas ao discurso hegemônico do liberalismo econômico outras narrativas menos excludentes, bem como capazes de operar ressignificando a língua maior.

Por analogia, desterritorializar o projeto é romper com os valores estruturantes que o configuram como um processo resolutivo e eficiente com fortes traços do poder hegemônico de produção do espaço. Romper não é só dizer não ao sistema, mas produzir uma torção do enunciado para termos espaçamento – tempo para a produção de novos pensamentos.

Desterritorializar o projeto é também reconhecer outras práticas de elaboração do espaço que subvertam a lógica acadêmica. É incluir pensamentos e modos outros de expressão oriundos de práticas daqueles-que-não-têm-parte na partilha do sensível a fim de produzir um deslocamento das práticas consagradas pela academia.

---

[98] Esta temática foi abordada por mim no artigo REYES, Paulo. Um Habitar menor. *PÓS*. Revista do programa de pós-graduação em arquitetura e urbanismo da FAUUSP, v. 26, p. e159015, 2019.

Desterritorializar as práticas hegemônicas não é contribuir com novas leituras, mas, sobretudo, desconstruir relações discriminatórias e hierárquicas. É importante lembrar que desterritorializar não é "ser aceito" pelo sistema maior, mas, acima de tudo, é encontrar e reconhecer na diferença um outro com valor de outro e nunca de um igual a uma identidade maior. Não é querer ser aceito e acolhido pela lógica maior; ao contrário, é ter o direito de ser reconhecido como igual num sentido humano. Portanto, é a lógica maior que se mexe frente a uma existência potente e nunca o contrário. Essa é a ação política defendida por Rancière.

Falar de desterritorialização é operar dentro de um regime estético que tenha como foco a emancipação e autonomia do sujeito. Não existem práticas e conhecimentos periféricos que não possam produzir uma rasgadura nas bordas identitárias. Não estamos falando de uma narrativa menor, no sentido de que tenha menos valor, mas justamente do contrário, de uma narrativa que tem força de destruição e construção, porque desterritorializar nunca vem só, é sempre um ato de territorialização – territorialização de um novo *modus operandi*.

Deleuze e Guattari[99] afirmam que o termo 'menor' não qualifica mais certas literaturas, mas as condições revolucionárias de toda literatura no seio daquela que se chama grande (ou estabelecida)". Assim, a língua menor nunca opera por fora da língua maior. Ela é sempre um processo de desterritorialização e reterritorialização que se produz por dentro e por fora da borda excludente ao mesmo tempo.

---

[99] Deleuze e Guattari, 2015, p. 39.

A lógica menor produz um gaguejar na língua maior. Esse fazer gaguejar tem uma força que faz a língua maior se movimentar por dentro dela. É uma espécie de força vibrátil que tensiona, o tempo todo, a lógica hegemônica.

Em um processo de territorialização-desterritorialização é interessante estar atento para verificar que agenciamentos estão sendo abertos pelo efeito maquínico a outros agenciamentos. Segundo Deleuze e Guattari, "cada vez que um agenciamento territorial é tomado num movimento que o desterritorializa em condições ditas naturais ou, ao contrário, artificiais, diríamos que desencadeia uma máquina. É essa diferença que queríamos propor entre *máquina* e *agenciamento*: uma máquina é como um conjunto de pontas que se inserem no agenciamento em vias de desterritorialização, para traçar suas variações e mutações. Pois não há efeitos mecânicos; os efeitos são sempre maquínicos, isto é, eles dependem de uma máquina diretamente conectada com o agenciamento e liberada pela desterritorialização. O que nós chamamos de *enunciados maquínicos* são esses efeitos de máquina que definem a consistência onde entram as matérias de expressão [...] uma máquina liga-se ao agenciamento territorial específico e o abre para outros agenciamentos"[100].

Esse processo de desterritorialização se impõe como um ato político. Ele nunca é um ato de negociação, mas sempre um ato dissensual. A desterritorialização se expressa como esse ato político que tem a força de uma denúncia frente a um traço igualitário. Podemos pensar esse ato político a partir do que viemos entendendo como político na esteira de Rancière. Para ele, político é "aquela atividade que rom-

---

[100] Deleuze; Guattari, 1997, p. 146.

pe a configuração sensível em que as 'partes' e as partes ou sua ausência são definidas com base em um pressuposto que, por definição, não tem lugar: a de uma parte dos que não têm parte. [...] A atividade política é a que desloca um corpo do lugar que lhe era designado ou muda a destinação de um lugar; ela faz ver o que não cabia ser visto, faz ouvir um discurso ali onde só tinha ruído"[101].

Esse é o mesmo ato político que está expresso na noção de literatura menor para Deleuze e Guattari. Ou seja, é essa possibilidade de fazer ouvir um discurso menor por dentro de um discurso maior. "Quantas pessoas hoje vivem uma língua que não é a sua? Ou então não conhecem mesmo a sua, ou não ainda, e conhecem mal a língua maior de que são forçados a se servir? Problema dos imigrados, e sobretudo de seus filhos. Problema das minorias. Problemas de uma literatura menor, mas também para nós todos: como arrancar de sua própria língua uma literatura menor, capaz de escavar a linguagem, e de fazê-la escoar seguindo uma linha revolucionária sóbria?"[102]

Produzir então esse ato político que desterritorializa uma prática projetiva é reconhecer experiências outras que não as que estão dadas pelos manuais de arquitetura. Talvez seja pelas práticas de extensão que possamos identificar novas lógicas, sobretudo lógicas menores de viver a cidade e de produzir novos sentidos de compartilhamento da cidade, novas formas mais solidárias de partilhas do sensível.

Para Rancière, "a atividade política é sempre um modo de manifestação que desfaz as partilhas sensíveis da ordem

---

[101] Rancière, 2018, p. 43.
[102] Deleuze; Guattari, 2015, p. 40.

policial ao atualizar uma pressuposição que lhe é heterogênea por princípio, a de uma parte dos sem-parte que manifesta ela mesma, em última instância, a pura contingência da ordem, a igualdade de qualquer ser falante com outro ser falante qualquer. Existe política quando existe um lugar e formas para o encontro entre dois processos heterogêneos"[103].

O ato político da desterritorialização nunca se apresenta individualmente. Ele tem força no coletivo. Rancière já nos afirmava que o ato político só se sustenta porque aqueles quaisquer que não são contados como falantes passam a ser contados na partilha quando têm consciência de um dano, e isso nunca é uma denúncia individual, pelo contrário, é sempre uma questão coletiva.

Na lógica maior, o coletivo é desconstruído em prol de uma lógica individualista competitiva. Para o sistema neoliberal, o indivíduo vale por sua capacidade competitiva, expressa por um certo empoderamento, reforçado pelas instituições legais e financeiras, enquanto o coletivo é mero pano de fundo da cena.

Ao contrário, na lógica menor, o coletivo é a força. É pela força do grupo, do reconhecimento de um certo problema que é comum a todos, que o coletivo ganha potência na lógica menor. A luta nunca é individual, pois não há como enfrentar a lógica maior isoladamente. Esse coletivo, na perspectiva de Deleuze e Guattari, se constitui como um agenciamento que produz corpos coletivos.

O projeto deve ser pensado nesse sentido de um corpo que se faz coletivamente para fora de suas respostas funcionais. Ele é pura expressão – expressão de um coletivo.

---

[103] Rancière. 2018, p. 44.

Torcer o enunciado é abrir espaço para a existência desse corpo coletivo que habita as margens, além de desconstruir o individual do processo de enunciação. Portanto, pensar o enunciado torcido é introduzir no processo de enunciação uma narrativa discursiva que se constitui como política e é capaz de desterritorializar as certezas resolutivas e técnicas. Assim, "não há sujeito, *há apenas agenciamentos coletivos de enunciação* – e a literatura exprime esses agenciamentos, nas condições onde eles não são dados para fora, e onde eles existem apenas como potências diabólicas futuras ou como forças revolucionárias a construir"[104].

Para Deleuze e Guattari, o agenciamento põe em relação máquinas de conteúdo e máquinas de expressão. Em relação ao conteúdo, estamos frente ao que nomeiam de "agenciamento maquínico do desejo". Ou seja, a maneira como os corpos, ao interagirem, produzem acontecimentos. Em relação à expressão, estamos frente ao que nomeiam "agenciamento coletivo de enunciação". Ou seja, a maneira como ocorre a expressão, como se anuncia, o que se expressa.

"*As máquinas são sempre chaves singulares que abrem ou fecham um agenciamento, um território.* E mais, não basta fazer intervir a máquina num agenciamento territorial dado; ela já intervém na emergência das matérias de expressão, isto é, na constituição desse agenciamento e nos vetores de desterritorialização que o trabalham imediatamente."[105] Talvez as "máquinas" sejam os "motivos" do agenciamento. Aquilo que não só dá início ao agenciamento, mas em torno do qual o agenciamento se organiza.

---

[104] Deleuze; Guattari, 2015, p. 38.
[105] Deleuze; Guattari, 1997, 148.

Os agenciamentos coletivos de enunciação, propostos por Deleuze e Guattari, são possibilidades de uma desconstrução de um discurso majoritário em favor de discursos-outros mais fragmentários, menos totalizantes, mais gregários, menos individualistas, portanto, sempre levando em consideração processos de alteridade.

O coletivo no projeto tem esse lugar: buscar nas margens periféricas narrativas-outras que não a consagrada do poder hegemônico do capital. É importante reconhecer uma outra forma de partilha além da que exclui, uma partilha de construção de um comum. Não um comum que apague as diferenças em prol de um traço identitário, mas um comum feito de diferenças, feito de respeito pelas alteridades.

Dardot e Laval acreditam que "se quisermos ultrapassar o neoliberalismo, abrindo uma alternativa positiva, temos de desenvolver uma capacidade coletiva que ponha a imaginação política para trabalhar a partir das experimentações e das lutas do presente. O *princípio do comum* que emana hoje dos movimentos, das lutas e das experiências remete a um sistema de práticas diretamente contrárias à racionalidade neoliberal e capazes de revolucionar o conjunto das relações sociais"[106].

É preciso construir coletivos. É preciso pensar por coletivos. Mesmo que esses coletivos sejam embrionários, é preciso ramificá-los. Encaminho esta narrativa, então, desterritorializando-a em ramificações, a construir um coletivo de pensamentos sobre projeto em urbanismo a fim de que ele nunca se feche, que produza uma multiplicidade do n-1, que ganhe espaço em outras mentes.

---

[106] Dardot; Laval, 2016, p. 09.

5
[ESBOÇO]
produção da diferença

É preciso buscar outras narrativas. Deparo-me com narrativas que se desdobram do meu pensamento. Não como uma transferência de conhecimento, mas como um pensar-junto que foi sendo produzido ao longo desses anos na minha atividade de orientador. Escritas expressas por dissertações e teses que vão sendo construídas como narrativas críticas sobre o projeto em urbanismo: narrativas sobre o sentido de morte que o capital produz sobre a cidade; narrativas sobre o conflito gerado por diferentes visões de projeto; narrativas imagéticas que rasgam imagens idealizadas; narrativas de realidades imagéticas tensionadas pela ficção; narrativas produzidas nas margens, expressas nas insurgências; narrativas pela autonomia do sujeito; narrativas pela dimensão temporal do projeto; narrativas pelo reconhecimento da potência do projeto; narrativas por vir.

Essas narrativas estão sendo construídas no âmbito do Grupo de Pesquisa POIESE Laboratório de Política e Estética Urbanas na Pós-Graduação em Planejamento Urbano e Regional da Universidade Federal do Rio Grande do Sul, coordenado por mim e que tem por foco o projeto em urbanismo nas dimensões ética, estética e política na interface entre Arquitetura e Urbanismo, Artes e Filosofia, enfatizando temáticas marginais e insurgentes que possam produzir a rasgadura de uma narrativa técnico-científica sobre a cidade. Esta pesquisa tem ao longo desses anos acumulado pensamentos diversos sobre tal relação, mas sempre na perspectiva de impor ao projeto em urbanismo um pensamento crítico, mais político, menos tecnicista e mais inclusivo.

É nessa possibilidade de construir novos sentidos de projeto que avanço este texto. Avanço operando junto a um coletivo que se expressa como esboços de novos percursos de pesquisas. Pesquisas essas que se desenvolvem ou já se desenvolveram no âmbito do mestrado e do doutorado a partir da minha pesquisa e que agora iniciam um novo percurso – a disseminar outras ramificações que espero sejam sempre rizomáticas e não hierárquicas. Todas elas a me provocar novos pensamentos, portanto, nos mantemos sempre em um fluxo de afetações, produzindo modos de existência e novos deslizamentos.

Pensemos o projeto por uma dessas ramificações: a crítica aos processos de revitalização. Podemos pensar que a noção de revitalização, como já referimos anteriormente, habita as lógicas policiais de projeto como temos visto aqui, produzindo uma imagem-primeira narcísica que fecha um sentido único posto como verdade dentro de um universo capitalista de produção do espaço. Essa temática atravessa várias pesquisas, mas tem centralidade nas dissertações de Rodrigo Ferreira e de Eduardo Ribeiro.

O sentido de revitalizar parece ser o mote das produções arquitetônicas, sejam exercícios acadêmicos, sejam atuações do capital. Surge como expressão máxima daquilo que chamei irônica e criticamente de imagem-narcísica: o "sucesso" de um saber-fazer transformador e renovador embelezado por um discurso imagético exemplar.

Falar em revitalizar é falar em dar nova vida, produzir novas dinâmicas e sentidos outros a determinados espaços na cidade. Mas também é atribuir a determinados lugares um sentido de esgotamento, de abandono e de morte. A arquitetura parece se reinventar a partir dessas práticas de produção do espaço. Mas a que preço? Essa é a questão que habita essas duas dissertações.

Ferreira debruça-se sobre a narrativa que está na base desses processos: o discurso de morte. A morte é um tabu na nossa cultura ocidental e sempre um tema delicado de se tratar, inclusive quando ela atinge a realidade das cidades através de uma pandemia como a que estamos passando. Mas esse não é exatamente o foco da pesquisa de Rodrigo Ferreira. A pesquisa dele já estava em andamento quando fomos todos envolvidos nessa temática cotidianamente. O problema de pesquisa que ele enfrenta é o do sentido de morte que o capital produz sobre a cidade a fim de justificar uma atuação como revitalizador. Portanto, tem a preocupação em olhar não "a cidade dos mortos, mas a morte na cidade", mais especificamente, isto é, a narrativa discursiva de morte. Ele não está a falar de espaços cemiteriais, mas de espaços mortos na cidade e, principalmente, está a olhar criticamente as estratégias do capital para produzir uma narrativa de morte sobre determinadas partes da cidade. Essa é uma questão de fundo e transversal ao Grupo de Pesquisa, mas, no caso de Ferreira, o principal interesse é a revitalização como discurso de morte, instalando-se como uma crítica a essa narrativa.

O sentido de revitalizar dando uma nova dinâmica a determinadas partes da cidade parece ser sempre a única alternativa nas práticas de projeto. Frente a uma realidade "degradada", o discurso da renovação espacial parece vir para resolver os problemas socioespaciais. No entanto, essa temática não é simples e já de início se reconhece os problemas de gentrificação social resultantes de tais práticas. Raríssimas situações são aquelas em que não há uma existência habitando o lugar por anos. Mas não há interesse do capital nessas existências. Tais projetos não se apresentam como ações de qualificação e consolidação de vidas ali existentes historicamente. Muito pelo contrário, são projetos que redesenham novas realidades à espera de novos usuários. Esses projetos ressignificam o sentido de habitar um lugar desenhando-o para novos usos e novos valores.

No caso de Ferreira, ele tem "interesse em compreender os transbordamentos da construção social da morte relacionada a outros espaços da cidade, adotando como disparador da pesquisa 'a morte' que se insere em uma narrativa hegemônica de poder em relação à cidade, capaz de interiorizar em nossos discursos cotidianos ou mesmo na prática de projetos urbanos a ideia de 'espaço morto' ou de que é preciso fazer 'isso' ou 'aquilo' para que 'tal' espaço ganhe 'vida', ou que devemos 'revitalizar'"[107].

Podemos aproximar essa internalização de um sentido de morte de uma certa naturalização dos processos de urbanização produzidos pela lógica neoliberal, como já aponta-

---

[107] Ferreira, 2020, p. 3. (Como a dissertação de Rodrigo Ferreira está em andamento, a paginação aqui se referencia ao projeto de pesquisa.)

vam Dardot e Laval. Na lógica da autossuficiência, da competitividade, da concorrência e da potência-de-si-mesmo, tudo aquilo que não produz mais-valia ou não se apresenta como recurso para exploração é descartado. É morto ou é matado. Essa interiorização de um discurso de morte em relação a espaços que não geram lucro ao mercado imobiliário, apesar da existência de uma vitalidade social que, em geral, habita esses espaços por muitos anos, se alastra pelos mais diversos segmentos sociais, produzindo uma certa naturalização do sentido de revitalizar. É essa "naturalização" que é preciso evidenciar para lhe fazer a crítica. E é justamente sobre isso que a dissertação de Ferreira se debruça.

A justificativa da dissertação dele centra-se na "importância de fortalecer uma visão crítica a um pensamento homogeneizador de cidade que, por meio de uma racionalidade de vida atribui uma narrativa de morte aos espaços que não condizem com a imagem de cidade esperada pelo capital. Parece-nos fundamental estudarmos a indistinção narrativa da 'morte' quando se refere ao meio urbano, a fim de trazermos à tona indícios que apontem para as possíveis intencionalidades e as consequências de tal simplificação narrativa"[108].

O argumento de Ferreira se organiza a partir dessa noção de morte, significando que devemos nos deparar com aquilo que é sombrio na nossa realidade social. Devemos olhar para o que é estranho. É com essa perspectiva que a noção de morte entra na dissertação dele. É preciso olhar para a morte. É preciso olhar para um discurso de morte que atravessa e habita nosso cotidiano nas cidades. Para tanto,

---

[108] Ferreira, 2020, p. 10.

Ferreira organiza seu pensamento, compreendendo como o sentido de morte desloca-se da lógica das religiões para a lógica do capital. Ele pensa aqui os corpos produtivos – aqueles que alimentam o capital – em contraponto aos corpos mortos, que para nada servem ao capital e, por isso, devem se localizar fora dos centros econômicos das cidades.

Ferreira tem por intenção "compreender as práticas e condutas de vida na contemporaneidade por meio da subjetivação do neoliberalismo, assim como o 'trabalho de morte' contido na política"[109], para se debruçar criticamente sobre um tipo de pensamento que produz um discurso de morte sobre determinados lugares na cidade, operando por racionalidades específicas. Teoricamente ele relaciona a noção de biopoder de Michel Foucault com a noção de necropolítica de Achille Mbembe. Tem também a intenção de reconhecer na cidade experiências de vida e discursos contra-hegemônicos que divergem dessa visão do capital.

Essa pesquisa põe em avaliação crítica o discurso das "revitalizações urbanas" que não só permeiam as narrativas hegemônicas do capital, mas que ainda habita os nossos espaços de formação – as faculdades de arquitetura. A contribuição para o coletivo de pesquisa se encontra justamente na inversão que Ferreira produz no sentido de pensar a produção do espaço menos pelo que ela deseja como revitalização e mais por aquilo que ela mata. Ou seja, Rodrigo Ferreira traz para o grupo um pensamento potente contra-hegemônico, pautado nas resistências vitais presentes nas margens e que são constantemente apagadas por um discurso de morte produzido pelo capital.

---

[109] Ferreira, 2020, p. 14.

Na dissertação de Eduardo Ribeiro, a narrativa discursiva da revitalização ganha outro contorno, não mais a partir da morte ou do discurso de abandono, mas do conflito, daquilo que chamei de segundo movimento da radicalização do projeto: a torção do enunciado. É na torção de um enunciado que se apresenta como "revitalizar" que aparece seu contrário, o "não-revitalizar". É justamente dessa tensão entre ser e não-ser que a dissertação de Ribeiro se ocupa.

A pesquisa de Ribeiro foca na descrição e no entendimento do conflito que se instala nesses processos de revitalização, tendo como caso de estudo a área que abriga o antigo Cais do Porto de Porto Alegre. Portanto, o foco sai das narrativas de áreas degradadas para se ocupar do conflito em si, ou seja, Ribeiro coloca a lente sobre o conflito, no centro da torção.

A origem de Porto Alegre está vinculada à sua relação com a água. A água não só permitiu a troca comercial, mas produziu ao longo do tempo da cidade um respiro das densidades edificatórias, tornando-se também um espaço bucólico e de contemplação. De um início estratégico como ponto de transporte e de comércio, a função portuária foi sendo substituída por um sistema rodoferroviário e sua centralidade comercial aos poucos perdeu força com a descentralização da estrutura urbana. Somado a isso, a instalação de um muro ao longo de toda a extensão do porto, a fim de controlar possíveis cheias, e de uma infraestrutura de trem de superfície reforçam o isolamento da área.

O afastamento da vida urbana de sua origem (a água) devido às diversas barreiras e à ineficiência da atividade portuária abriu espaço para que se instalasse sobre o lugar um discurso de morte, tal como apontado por Ferreira.

Atualmente essa situação de "degradado" se intensificou com o interesse do mercado imobiliário na área, e junto com esse vem o discurso da "revitalização".

"Fruto de um edital ganho em 2010 (o qual teve participante único), o consórcio Cais Mauá do Brasil S.A. ficou encarregado da reformulação de toda área do cais, compreendendo o Cais Mauá, o Cais Marcílio Dias e o Cais Navegantes. Nos moldes das grandes operações urbanas consorciadas, o projeto apresenta elementos advindos do planejamento estratégico – modo de fazer parcelas de cidades, a partir de intervenções pontuais com forte investida da iniciativa privada e aporte do Estado. Porém, o projeto é tido como controverso, devido ao seu grande número de áreas comerciais e, especialmente, ao fato de englobar torres corporativas, um shopping center e estacionamento para 4 mil veículos."[110]

A dissertação de Eduardo Ribeiro recupera esse projeto não para evidenciá-lo como exemplo de um processo de urbanização, mas como mote para a crítica. Para Ribeiro, a existência desse projeto abre uma importante discussão sobre o uso e a maneira como a área deve ou não ser revitalizada.

A população se opõe ao projeto do modo como esse se apresenta e tem dois importantes grupos como representantes dessa posição: o Cais Mauá de Todos e a Associação Amigos do Cais Mauá. A principal reivindicação desses coletivos é que se implemente uma maior participação popular nas

---

[110] Ribeiro, 2020, p. 4. (Como a dissertação de Eduardo Paiva Ribeiro está em andamento, a paginação aqui se referencia ao projeto de pesquisa.)

tomadas de decisões em relação à nova utilização da área. Essas novas narrativas sobre a área produzem uma desnaturalização do discurso da revitalização, instalando-se como outro olhar.

Esses grupos produzem uma desterritorialização em um sentido de identidade que se apresenta no enunciado da revitalização. Desterritorialização que se expressa como a possibilidade da torção desse enunciado, permitindo a inserção da dimensão política no debate do projeto e a inclusão de outras narrativas discursivas sobre a área.

A possibilidade da entrada dessas outras narrativas se apresenta como uma resposta àquilo que ao longo deste texto nomeei de três movimentos como uma atitude de radicalização: uma negativa, uma torção e um espaçamento. Esses três movimentos impostos a um pensamento de projeto permitem que o projeto passe a ser entendido como processo e não mais como produto (obra). E é só como processo que é possível abrir o projeto para uma maior participação dos diferentes segmentos sociais da cidade. Estamos então rasgando o projeto como saber técnico e impondo a ele a dimensão política. A dimensão política desnaturaliza a técnica ao expor o conflito que se instala a partir das diferentes narrativas sobre o destino da área e o possível projeto para ela.

Teoricamente Eduardo Ribeiro pensa essa questão a partir de Jacques Rancière e tem como problema de pesquisa o conflito que se instala nesse tipo de projeto em que "o modelo de intervenção que se forma é aquele que privilegia o capital, com características advindas do planejamento estratégico, de grandes operações consorciadas que se repetiram nas últimas décadas, com o uso do conceito de city marketing para construir a narrativa que justifica a implementação do projeto"[111].

A dissertação de Ribeiro se estrutura, então, a partir do entendimento de como se expressa essa narrativa neoliberal nesse tipo de projeto dentro de uma lógica de planejamento estratégico. Ribeiro apoia-se, principalmente, em Harvey, Dardot, Laval, Rolnik e Vainer para produzir uma crítica a esse modelo de intervenção urbana.

O objetivo dele é pensar esse conflito que se organiza entre ordem política e ordem policial a partir do uso de montagens imagéticas como modo de visualizar as diferentes narrativas, a fim de tornar mais explícitas essas posições (política e policial). As montagens têm como suporte teórico-reflexivo o trabalho de Aby Warburg e os escritos críticos de Georges Didi-Huberman.

O pensar crítico sobre as narrativas imagéticas presentes nos processos de leitura e de projeto é outra ramificação da pesquisa. Essa ramificação está presente na dissertação de Eduardo Paiva Ribeiro de maneira operativa; na tese de doutorado de Artur Wilkoszynski ganhou centralidade nas imagens dialéticas de Walter Benjamin; e aparece, como uma revisão crítica às operações imagéticas de Kevin Lynch a partir de uma leitura apoiada nos escritos de Georges Didi-Huberman, na dissertação de Lucas Bittencourt.

Pensemos essa ramificação pelos escritos de Artur Wilkoszynski. Wilkoszynski dedicou-se a essa temática numa tese de doutorado defendida em 2018 e intitulada *A dialética das imagens e o projeto por cenários: uma articulação teórico-metodológica*. Já no título ele anuncia a relação entre

---
[111] Ribeiro, 2020, p. 7.

duas linhas de raciocínio ao aproximar o pensamento benjaminiano sobre imagens dialéticas da ideia de pensar o projeto por cenários.

Diferentemente de Ribeiro, para quem as montagens são operações metodológicas para evidenciar o conflito, Wilkoszynski centra seu olhar crítico no trabalho sobre as imagens. No caso deste, as imagens não estão a serviço de algo ou de alguma coisa, mas são a própria coisa, ou seja, se apresentam como o próprio objeto de investigação. Assim, as imagens não são tomadas como meio, mas como fim. É sobre elas que ele se debruça.

A partir de uma pesquisa de mestrado sobre imaginário social com aporte teórico em Walter Benjamin, Wilkoszynski chegou ao doutorado com a intenção de recuperar esses estudos e aproximá-los de uma narrativa de projeto, relacionando-os com a minha pesquisa sobre essa temática. O objetivo dele era "ao invés de adotar novamente os métodos de decifração do imaginário social como forma de leitura e entendimento do passado ou da realidade presente, assumir um outro olhar. Esse novo olhar buscava investigar a capacidade operativa do imaginário para a elaboração de projetos urbanos, ou seja, como um método que fosse capaz de olhar também para o futuro das cidades através de operações com imagens"[112].

Para tanto, buscou a dialética das imagens de Benjamin para aproximá-la do tipo de análise imagética que se produz no projeto por cenários, produzindo um deslocamento no uso das imagens: por um lado, Wilkoszynski sai de um procedimento em que as imagens eram modos de representação e

---

[112] Wilkoszynski, 2018, p. 18.

interpretação e passa a pensá-las como imagens operadoras e construtoras de realidade. Ou seja, desloca da leitura para o projeto, mas sem perder o potencial aberto por Benjamin sobre as imagens. Por outro lado, ele amplia a complexidade do projeto por cenários, impondo a este um pensamento dialético.

O foco de Wilkoszynski é nos estudos metodológicos e nas operações no campo do projeto. Mas, mesmo pensando as metodologias, ele não recai em uma pesquisa que se reduz a procedimentos. Ele opera as metodologias no âmbito do pensamento. Nesse sentido, não fecha em um saber-fazer, mas produz um pensar-fazer no campo das imagens. Portanto, estamos nessa pesquisa diante da produção de um pensamento crítico sobre um saber-fazer que se instala como um pensar-fazer, fundamentalmente, com imagens.

Essa pesquisa aprofunda um conhecimento oriundo das imagens como forma de dilacerar pensamentos identitários. Novamente, tal como Eduardo Ribeiro, Wilkoszynski opera na torção do enunciado, produzindo uma desconstrução das imagens a fim de não permitir uma sucessão de repetições identitárias do mesmo.

Ao explicar sua intenção de tese, Wilkoszynski afirma que "pretende realizar uma pesquisa teórico-metodológica que investiga a dialética das imagens como instrumento para a construção de narrativas imagéticas diversas e abrangentes e, consequentemente, capazes de produzir cenários de projeto alinhados ao pensamento urbanístico contemporâneo e ao imaginário social"[113].

---

[113] Wilkoszynski, 2018, p. 34.

Esse movimento de articulação entre diferentes procedimentos com uma mesma base teórico-filosófica permitiu a ele pensar as imagens dialéticas e as montagens, em Walter Benjamin e Aby Warburg respectivamente, como operadoras de projeto em urbanismo e não só como representação de uma realidade social. Por outro lado, a partir do conhecimento adquirido sobre as imagens e as montagens, foi capaz de encaminhar ao projeto por cenários uma potência analítica sobre a realidade urbana.

Segundo Wilkoszynski "os mecanismos de leitura dialética das imagens revelam os conflitos presentes no território por meio de diferentes representações do imaginário urbano que, por sua vez, subsidiam a imaginação e modelização de distintas cenas de futuro através dos procedimentos oferecidos pelo projeto por cenários. É por meio da associação com os procedimentos de construção dos cenários que as metodologias analíticas do imaginário passam de um modelo divergente para outro convergente, ou seja, é através dessa inversão que elas adquirem capacidade projetiva e de síntese projetual"[114].

Artur Wilkoszynski assume, então, uma pesquisa no âmbito das narrativas imagéticas, pensando-as como ideias dialéticas e contraditórias. Nessa perspectiva se aproxima da noção de imagem dilacerante ou figurante de Didi-Huberman e se afasta das imagens dilaceradas ou figuradas. A opção teórico-metodológica pelas imagens como ato permite a ele pensá-las como operadoras de novos sentidos, sempre como rasgaduras de traços identitários, como visto ao longo deste livro.

---

[114] Wilkoszynski, 2018, p. 183.

Essa problemática do campo das imagens dilacerantes tem interface com a pesquisa de mestrado de Lucas Bittencourt. Bittencourt, tal como Wilkoszynski, também pensa as imagens como um ato de rasgadura de um sentido identitário. Só que o foco de Bittencourt está em uma crítica à noção de imagem que se instalava na pesquisa de Kevin Lynch. Nessa perspectiva, ao retomar as imagens dialéticas de Walter Benjamin e as imagens rasgadas de Georges Didi-Huberman, ele abre uma ramificação que põe em crítica a imagem como um sistema identitário e de legibilidade, passando pelas noções de caráter e *genius loci* da maneira como já foi exposto aqui e desterritorializando esse sentido. Partindo dessa leitura crítica à construção imagética de Kevin Lynch, Bittencourt pretende refletir sobre esse sentido "organizativo, identitário e estruturador" de uma imagem que habita o universo urbano.

A pesquisa de Bittencourt tem como problema a investigar um tipo de operação imagética de paradigma fenomenológico que, mesmo percebendo a cidade como um sistema complexo de acontecimentos, ainda produz uma leitura com base hierárquica e totalizante. Essa narrativa imagética será rasgada por outras noções como: sintoma, ilegível e informe. Categorias essas fundantes na teoria da imagem em Didi-Huberman.

Pensando as imagens dessa maneira, Bittencourt pretende produzir um deslocamento em um sentido de legibilidade das imagens em Lynch e, então, encontrar novas aberturas para o campo do urbanismo em relação às operações imagéticas. No entendimento dele, esse movimento é estético e político. É estético por apresentar um modo específico de apreensão da realidade "ao exercitar a construção de uma outra forma de discursividade (a montagem) e uma outra forma de apresentação de categorias da legibilidade (uma legibilidade sintomática, informe) construídas em meio a intensidade sensível da vida comum nas cidades", e é político "porque assume outra posição, incomum, uma posição desconhecida (à margem), sempre aberta e em processo de trabalho. Assim, insere-se também a questão política frente ao campo das imagens. As imagens não se isentam de uma discussão política, em uma perspectiva contemporânea, e essa posição é ainda incipiente na teoria urbana de Lynch"[115].

Pensar essas imagens no campo estético juntamente com a noção de política retira a discussão do âmbito técnico de um saber-fazer e a posiciona em um pensar-fazer. O objetivo da pesquisa de Bittencourt é "abrir a discussão de Kevin Lynch para uma teoria da imagem mais atualizada com os paradigmas contemporâneos. Como já foi dito, saltar da representação à cisão, ou seja, abrir as imagens urbanas da imaginabilidade ao debate da contemporaneidade, e desde uma outra perspectiva epistêmica (das artes e filosofia) colocá-las sobre a mesa (a mesa da montagem) que será a ferramenta necessária ao trabalho"[116].

Para Bittencourt, a abertura ou a rasgadura da teoria lynchiana por uma abordagem mais contemporânea, em vez de levar às certezas das legibilidades, entra na ardência das montagens de Warburg. É pelas operações de montagem que ele pretende avançar na crítica, compreendendo a montagem

---

[115] Bittencourt, 2020, p. 6. (Como a dissertação de Lucas Bittencourt está em andamento, a paginação aqui se referencia ao projeto de pesquisa).
[116] Bittencourt, 2020, p. 7.

como um exercício ensaístico que aproxima a fotografia da literatura, ambas em uma perspectiva poética. Nesse sentido, a montagem opera entre diferentes níveis de realidade, produzindo constelações imagéticas.

Diferentemente de um fenômeno que se observa externamente, as imagens rasgadas abrem para novas narrativas a partir de dentro, de uma perspectiva da imagem e não da consciência. A partir do pensamento de Souriau, Lapoujade afirma que "perceber não é observar de fora um mundo estendido diante de si, pelo contrário, é entrar num ponto de vista, assim como simpatizamos. [...] Não temos uma perspectiva sobre o mundo, pelo contrário, é o mundo que nos faz entrar em uma de suas perspectivas. O Ser não está fechado sobre si mesmo, encerrado em um 'em si' inaceitável; ele está incessantemente aberto pelas perspectivas que suscita"[117]. Assim, as imagens rasgadas mais do que as olhadas permitem dar a ver aquilo que estava invisível nas margens.

O que nos interessa aqui enquanto um coletivo de pesquisa é menos uma compreensão das imagens como expressão de uma essência e mais como algo capaz de produzir universos outros, por muitas vezes ficcionais, mas que justamente por se constituírem dessa maneira nos permitem produzir novos pensamentos. Falar do papel das imagens ficcionais é o mesmo que dizer que elas "não têm apenas uma existência 'subjetiva', mas que nos fazem agir, falar, pensar em função da maneira de ser que nossa crença lhes dá"[118]. Nesse sentido, são as imagens que nos falam mais do que nós a elas e sobre elas.

---
[117] Lapoujade, 2017, p. 47.
[118] Lapoujade, 2017, p. 35.

Retornemos aqui ao papel das imagens no processo de projeto. Elas estão a serviço da rasgadura das identidades, daquilo que não pretende e nem se sustenta como uma verdade a ser seguida, um modelo a formalizar mundos. Estamos frente a imagens informes, como nos diz Georges Didi-Huberman. Não só imagens distorcidas, mas imagens que não se deixam formalizar.

Pensar por imagens e com imagens: é isso que mobiliza o grupo de pesquisa. Não estamos querendo ler o que as imagens dizem ou o que elas representam, mas, ao lado de Didi-Huberman, queremos, acima de tudo, pensar o que ainda não sabemos. Estamos no não-saber do inconsciente, naquilo que as imagens não evidenciam no seu visível, mas que se manifesta pelo sintoma. Diferentemente de ressaltar a essência das imagens, "se trata de ressaltar, a cada vez, o ponto de vista expresso por esse ou aquele modo de existência, em lugar de subordinar todos eles ao ponto de vista da consciência. Cada modo de existência possui um 'plano de existência' singular, a partir do qual ele se desvela. Mas a operação é menos 'existencial' que perspectivista, pois descrever modos de existência consiste *em retornar, a cada vez, ao interior do ponto de vista que eles exprimem*"[119]. São modos de existência que nos olham.

Pensar as imagens por um processo de intensificação de existências, encaminhando-as a uma nova realidade, pode ser ativado pelas reflexões de David Lapoujade sobre o trabalho de Étienne Souriau a respeito dos "diferentes modos de existência". O interesse de ambos é pensar as maneiras como as existências se expressam, aproximando-se de uma teoria

---
[119] Lapoujade, 2017, p. 47.

da arte que vê no princípio formal um estruturador das relações. As existências ganham em extensão e consistência, intensificando-se a fim de transformarem-se em realidade a partir de um gesto. Então, a realidade é uma existência intensificada pelo gesto. O gesto oriundo do campo artístico tem essa "tarefa" de intensificar toda e qualquer existência a fim de aumentar sua realidade, instaurando-se, como princípio de crescimento, uma formalização.

Pensemos esses modos de existência que nos olham de outro lugar: das margens. Olhar para essas sensibilidades que habitam essas margens é o cerne da tese de doutorado de Tiago Balem: *Práticas urbanas insurgentes e o efêmero como aposta*. Estamos aqui no que venho chamando de olhar para aquilo que a torção abre, mas que só o espaçamento nos dá tempo para olhar. Aqui se instala outra ramificação: a de um pensamento outro que o espaçamento traz como um ainda-não.

O ainda-não é esse tempo espaçado (espaçamento) que, diferentemente do tempo do capital, permite um longo permanecer no aqui e agora, sem pressa. O único objetivo do ainda-não é dar voz a quem não tem voz. É dar visibilidade a quem até agora tornava-se invisível pelo sistema hegemônico. Portanto, é nesse tempo que as insurgências podem operar.

O reconhecimento das situações à margem na cidade permite que se instale um pensamento político frente à noção de um direito à cidade como posto por Lefebvre: esse é o ponto de partida para Tiago Balem construir seu argumento. "Na esteira do Direito à Cidade, a perspectiva de cidadãos inventarem uma nova cidade reverberou na atualidade por meio de movimentos de apropriação e intervenção nos espaços da cidade com caráter de denúncia social. Com discurso de crítica ao *status quo*, às formas limitadoras da participação popular no desenho urbano e às demandas urbanas não atendidas pelo Estado, surgem formas autônomas em que cidadãos produzem colaborativamente espaços insurgentes na cidade. Esses atos articulados por um ideal comum têm elevado o protagonismo de lugares e das urgências urbanas e sugerem a necessidade de refletir sobre novas formas de imaginação para a produção do espaço urbano."[120]

É sobre essas insurgências expressivas como marcas de uma outra-forma-de-fazer-o-projeto que a pesquisa de Balem se desenvolve. Não mais marcas de um projeto absorvido pelo pensamento neoliberal. Pelo contrário, maneiras outras de produzir um pensamento político sobre o sistema urbano, expressas nas insurgências. Essa pesquisa se instala na esfera do sensível, operando na interface entre estética e política.

É possível relacionar a abordagem de Balem com o que venho pensando como ato político e estético no campo do projeto em urbanismo. Esse modo de pensar as insurgências como um ato que expõe a borda excludente e traz para o campo do visível o que há de expressivo nas margens tem sua matriz interpretativa nos escritos de Jacques Rancière.

Balem compreende essas ações projetuais como ato político que é provocado por uma consciência de um comum e não por ações individuais. Esse comum que habita o pensamento de Dardot e Laval, mas também de Deleuze e Guattari, reforça o sentido político operado por Rancière.

É justamente pela construção da consciência de um comum que esses coletivos se reconhecem como estando à

---

[120] Balem, 2020, p. 2. (Como a tese de Tiago Balem está em andamento, a paginação aqui se referencia ao projeto de pesquisa).

parte e, portanto, podem se constituir como força política e com capacidade de desterritorialização. A intenção de Balem não é simplesmente descrever estados de exclusão, mas sobretudo reconhecer um potencial expressivo e uma força política em atos de imaginação que desestabilizem um modo hegemônico de fazer a cidade, podendo, assim, ser instalado um pensamento mais inclusivo, heterogêneo e fluido, considerando o tempo dos desvalidos e não o tempo do capital.

Pensar esses diferentes tempos que organizam essas insurgências é a tônica da tese de Balem. Há uma dimensão temporal mais fluida, de caráter efêmero, que pode produzir novas maneiras de se pensar a produção do espaço na cidade. São práticas coletivas que se organizam em tempos diversos daquele do capital para produzir novos modos de vida em comum.

O objetivo perseguido por Balem nessa tese é "investigar formas contra-hegemônicas de atuação política na cidade contemporânea. Procura-se avaliar questões e conceitos que emergem na cidade, não no sentido de tentar superá-los, mas sim apreendê-los em sua dimensão dissensual para, então, compreender suas potências, demandas e transformações, analisando a contenção – ou não – do imaginário político deles, ou seja, a limitação e a criação de possibilidades diante de disputas urbanas, inclusive as de caráter cultural e simbólico"[121].

Há nesse processo das insurgências uma força que é da ordem do coletivo, ou seja, da partilha de um comum – não mais uma partilha que exclui, mas uma construção de um valor comum. Essa temática dos coletivos que se organizam

---

[121] Balem, 2020, p. 9.

para realizar uma ação comum se aproxima da tese de doutorado de Felipe Drago que tem por título *Projeto aberto – o pensamento a partir do canteiro de obras*. Aqui Drago ramifica e intensifica as margens no sentido de que para ele "para se chegar a mudar o modo como se desenha, deve-se dar atenção ao modo como acontece a produção no canteiro"[122].

Felipe Drago concentra a discussão sobre a posição do arquiteto frente às produções do espaço, recuperando o trabalho de Sérgio Ferro e aproximando este da filosofia do acontecimento de Gilles Deleuze e Félix Guattari a fim de pensar uma "diagramática projetual". A questão de fundo aqui "passa por pensar em que medida é imediatamente possível produzir projeto de modo diferente, levando em conta a participação dessa atividade na constituição de uma mercadoria cujas caraterísticas são dadas em grande medida pelo trabalho de construção"[123], nos afirma Drago. Ao recuperar os escritos de Sérgio Ferro a partir da relação entre desenho e canteiro de obra, Drago destaca que o desenho apartado do canteiro de obras produz hierarquia, exploração e comando. É a partir disso que ele pensa um "projeto aberto".

Para Drago, o projeto aberto é uma "atividade que visa interferir no seu próprio modo de produção – e que, portanto, não deverá se dedicar a criar elucubrações abstratas, mas a 'descer' ao canteiro no intuito de transformar o desenho 'para' a produção em desenho 'da' produção, buscando verificar, na prática, que fazer é pensar"[124]. Ele vislumbra nisso um potencial que pode ser originário da relação entre o "traba-

---

[122] Drago, 2020, s/p.
[123] Drago, 2020, s/p.
[124] Drago, 2020, p. 14.

lhador do desenho" e o "trabalhador do canteiro", abrindo-se um no outro como forma de constituir um campo que já não poderia ser tomado separadamente entre desenho e canteiro. Isso só poderá ocorrer, para ele, se houver uma aliança entre arquiteto, mestre de obras e operário em prol de um trabalho coletivo.

A partir do pensamento de Deleuze e Guattari sobre as linhas de segmentaridades, Drago propõe que se aposte em "linhas flexíveis contra o que é a regra rígida, [buscando] abrir os tempos-espaços do afeto (forças de afetar e ser afetado) a fim de desenhar outros diagramas. A partir desses mapas dinâmicos, sempre locais e situacionais, pode-se escavar a relação de comando e exploração e colocar aí coisas que são experimentações e repetições diferenciantes do trabalho. Uma des-organização inicial teria efeitos de transformação de vários dos modos de prever pelo desenho separado, visando a uma re-organização no âmbito do projeto aberto"[125].

Esta é a tese de Drago: reposicionar a ação do arquiteto frente a uma nova organização do trabalho da arquitetura, mesclando desenho e canteiro, arquiteto e operário, todos e tudo em prol de "coletivizações transversalizantes que buscam re-organizações"[126] das relações naturalizadas de poder.

Nas palavras dele, "o principal, então, é achar o ponto no qual se possa verificar a igualdade para além das segmentaridades: não importa quem é arquiteto, mestre ou pedreiro, o que importa é o que se pode criar no seu encontro por meio de um projeto aberto. O objetivo maior do trabalho, nesses termos, seria criar meios de confirmar a igualdade

---

[125] Drago, 2020, p. 16.
[126] Drago, 2020, s/p.

pela produção do comum e pela produção de uma política prefigurativa de criação do trabalhador coletivo. Esse trabalhar 'juntos' não chegará a formar um 'nós', mas aproximará os envolvidos em um ponto a partir do qual se estilhaçam as segmentaridades: seria como um fio rediagramável da realidade presente, no qual nenhuma segmentaridade se vê como plenamente territorializada. Esse seria o fio da meada de uma diagramática projetual"[127].

A tese de Drago não pretende se apresentar como um método de trabalho que articule desenho e canteiro, mas se ocupa em desenvolver articulações entre diversos saberes e, sobretudo, produz desacomodações em certas práticas de produção do espaço. Nesse sentido, ele dá continuidade a um pensamento que atravessa diferentes pesquisas aqui relatadas: um comum como força política que se expressa no plano do sensível.

Podemos pensar esses diagramas que pautam um projeto aberto como um ato político frente a um discurso de autonomia tal qual se apresenta na narrativa do "mestre ignorante" em Rancière. Esses diagramas não mais pré-desenham um projeto, mas funcionam como elementos de inteligência que estão à disposição de qualquer um como mola geradora de arranjos cooperativos e colaborativos.

Para Deranty, o axioma de Jacotot explorado por Rancière de que a mesma inteligência perpassa a todos e qualquer um se abre em muitas direções. "Em particular, o resultado crítico da tese da igualdade radical é a explicação da desigualdade de fato existir como resultado de estruturas sociais organizadas hierarquicamente. Rancière com-

---

[127] Drago, 2020, p. 189.

partilha a visão de Jacotot das ordens sociais como sendo fundamentalmente estruturada em uma lógica divisória, que separa aqueles que sabem daqueles que não sabem, aqueles que trabalham daqueles que pensam, adulto da criança, homem da mulher e assim por diante."[128]

Estamos recuperando um outro saber-fazer que está para além de uma estrutura hierárquica. É a tentativa de operar um outro pensamento que além de mais aberto permite movimentar as estruturas de poder historicamente constituídas nos processos de projeto. É preciso desnaturalizar esses pensamentos hierárquicos para instalar novas práticas de projeto. Práticas essas muito mais processuais. É preciso estranhar sempre. É a força dos estranhamentos que se esboça aqui, ressignificados pelo prefixo (des), como aparece na proposta de tese de Germana Konrath.

É a partir desse prefixo que anuncio essa pesquisa: *Desestabilizar, desprogramar, deformar: a inversão da tríade vitruviana para o pensamento projetual em urbanismo*. Este é o título (provisório) da tese de doutorado de Germana Konrath. Nessa tese ela pretende pensar em como "projetar com o tempo" em urbanismo e não só com o espaço a partir de experiências estéticas urbanas, abrindo essa questão para duas perspectivas: projetar o tempo e temporalizar o projeto. Com isso ela quer dizer que "na primeira perspectiva, o

---

[128] Deranty, 2010, p. XX. ("In particular, the critical upshot of the radical equality thesis is the explanation of the fact of existing inequality as a result of hierarchically organized social structures. Ranciere shares Jacotot's vision of social orders as being fundamentally structured on a divisive logic, which separates those who know from those who do not, those who work from those who think, adult from child, man from woman, and so on").

tempo é trabalhado como conceito filosófico e como experiência estética a ser explorada no exercício de projeto. Na segunda, trata-se de temporalizar o projeto (tempo do projeto), onde a relevância é deslocada do fim para o meio, do produto ou resultado para o exercício e caminho. Aqui o tempo é analisado como elemento constituinte do próprio projeto enquanto atualização e presentificação do que é virtual, daquilo que está por vir em nossas cidades."[129] Essa perspectiva que Konrath propõe se alinha completamente com a posição de um projeto na contramão da resolução, no sentido daquilo que temos pensado como habitar um ainda-não.

Ao contrário de Vitruvius, que organizava um pensamento espacial através de uma tríade que denotava estabilidade (*firmitas* para significar firmeza, solidez e com forte sentido de construir para permanecer no tempo; *utilitas* para dar um sentido de uso marcado pela ideia de conteúdo programático, relacionando à vocação, identidade e caráter do projeto; e *venustas* para significar traços de beleza relacionados à forma), Konrath constrói seu problema de pesquisa buscando o sentido de movimento na dimensão temporal. Assim, ela abre uma nova ramificação, que é pensar o projeto pela sua dinâmica temporal e não pelas estabilidades espaciais.

No sentido de inverter um raciocínio tão caro à arquitetura que é pensar o espaço, ela pensa o tempo. Portanto, o que Konrath faz é pôr a arquitetura em movimento. E, mais do que isso, produzir um pensamento de fluidez para as an-

---

[129] Konrath, 2020, p. 24. (Como a tese de Germana Konrath está em processo de defesa do projeto, a paginação aqui se referencia a essa pesquisa em andamento).

tigas estabilidades eternas. Para ela, "trata-se de uma valorização de pensamentos e de ações marcados pela mudança, pela multiplicidade, pela porosidade, pelo descontrole e pela invenção. Tal visão alinha-se às possibilidades advindas de uma postura de arquitetos e urbanistas não como propositores primeiros nem últimos, mas como agentes integrados a processos coletivos e colaborativos em que tomam parte. Ou seja, não mais autores de uma obra pronta e acabada, mas participantes de um projeto lido como dispositivo de abertura, cujos desdobramentos se dão a partir de contextos e pré-existências específicas e cujos resultados podem ser imprevisíveis"[130].

Essa ideia de "agentes integrados a processos coletivos e colaborativos" já aparecia na tese de Balem nas insurreições e na de Drago no canteiro de obra, mas aqui em Konrath há um mergulho nas bases epistemológicas que pautaram e ainda pautam os processos de projeto com uma forte raiz racionalista e moderna.

Os três termos escolhidos por ela para construir seu raciocínio sobre tempo vêm acompanhados de três experiências estéticas: desestabilizar é pensado a partir da série "Building Cuts" de Gordon Matta-Clark, desenvolvida na década de 1970; desprogramar é pensado a partir do projeto "Park Fiction" de 1995 na cidade de Hamburgo, desenvolvido por um coletivo; e deformar é pensado a partir da obra "Paracaidista, Av. Revolución 1608 bis" de Héctor Zamora na cidade do México, de 2004. Mais do que simples ilustrações ou representações, essas experiências funcionam como um disparador de pensamento crítico e político.

---
[130] Konrath, 2020, p. 9.

Konrath justifica sua posição frente ao pensamento vitruviano afirmando que "colocar os princípios vitruvianos na menos 1, pensar pelo seu avesso, nos alça a um nível de possibilidades projetuais diversificado e coerente com as problemáticas urbanas atuais. Essa inversão insere na matriz de projeto a variável tempo como operadora de processos integrados e em aberto, em constante transformação"[131].

Tal como Drago, Konrath pretende pensar o projeto em urbanismo de maneira aberta – projeto aberto, em processo. Ambos tomam o projeto a partir do pensamento de Gilles Deleuze e Félix Guattari de maneira a abordá-lo não na sua forma pronta e entregue, mas em partes, em pedaços, exigindo o olhar participativo de quem vai vivenciá-lo. Se o foco de Drago era a desconfiguração da figura do arquiteto a fim de viabilizar uma relação mais horizontal no canteiro de obras, aqui em Konrath o foco é na dimensão temporal, na flexibilidade do projeto.

A partir de um entendimento de que vivemos cada vez mais em situações fluidas, com fortes traços de transformação e com necessidades de habitar e se readequar a contextos pré-existentes, Konrath acredita que o projeto em urbanismo só pode ser pensado levando em consideração essas características mutáveis, portanto, é preciso pensá-lo pelo tempo. Nas palavras dela, "a tese se configura, por conseguinte, como uma provocação propositiva, que parte do avesso do tripé vitruviano, e que sugere liberar o pensamento projetual de parâmetros e valores obsoletos e arraigados. A intenção é criar outras cidades, em imagem e em pensamento, baseadas nas ideias de desestabilizar identidades, vocações e estrutu-

---
[131] Konrath, 2020, p. 10.

ras, deformar modelos e obras prontas, e desprogramar funções e atividades predeterminadas. A cidade aqui passa a ser vista como espaço da heterogeneidade e da espontaneidade, do imponderável, berço da política e da própria filosofia"[132].

Essa abertura temporal proposta por Konrath é totalmente aderente ao pensamento de espaçamento proposto aqui neste texto. Se há alguma crítica possível que abra o projeto em urbanismo para um outro tipo de pensamento, essa deve ser posicionada no ainda-não do processo, ou seja, na sua posição temporal de potência. E é justamente da potência que Raimundo Giorgi se ocupa na sua tese de doutoramento. Ele agrega ao coletivo de pesquisa o pensamento de Giorgio Agamben sobre potência, tomando projeto como "modos de programação de futuros da Urbanística".

Para Agamben, "a potência é justamente a coisa mais difícil de pensar. Porque se a potência fosse sempre e somente potência de fazer ou ser algo, então nós não poderíamos jamais experimentá-la como tal [...] uma experiência da potência como tal é possível apenas se a potência for sempre também potência de *não* (fazer ou pensar algo), se a tabuleta para escrever pode não ser escrita"[133]. Pensar a potência do não pelo que aprendemos com Bartleby: preferiria não. Ainda-não resolveremos o projeto. Temos tempo. Temos espaçamento para produzir novos pensamentos. Deixemo-nos contaminar pela potência, por tudo aquilo que nela se produz como promessa.

Estamos a falar de uma ramificação da pesquisa que produz intensificações de modos de existir mais flexíveis e

---
[132] Konrath, 2020, p. 17.
[133] Agamben, 2015, p. 21.

móveis. Em Giorgi, assim como em Konrath, habitamos o que Lapoujade entende por "domínio transmodal". Segundo ele, "as existências podem se modificar, se transformar, intensificar sua realidade, passar de um modo para outro, conjugá-los. Entramos no domínio transmodal. Se para Souriau os virtuais são privilegiados, é por serem os principais operadores da passagem do modal para o transmodal. Passamos de um mundo estático, no qual os modos de existência são descritos por eles próprios, para um mundo dinâmico, no qual, a partir de então, o que importa são as transformações, os aumentos ou diminuições".[134]

Essa passagem do modal (ser) ao transmodal (transformação entre seres) é o que faz com que o foco saia das identidades e se encaminhe para os processos. Souriau nomeia esse processo de intensificação da existência de anáfora. "Cabe ao processo anafórico determiná-los um no outro, um pelo outro. A anáfora é o processo de 'determinação de um ser' através de um 'acréscimo contínuo de realidade' até que seja totalmente abolida – ou quase – a distância que os separa."[135]

Estamos no ainda-não, num tempo em que, como diz Lapoujade, só há processos, movimentos que produzem mudanças e transformações. Atos que se intensificam através de gestos que produzem novos seres. Mas seres sempre em por vir, nunca identitários. Habitemos o entre seres.

Pensar o entre seres no ainda-não é não só instalar o projeto em uma posição de potência, mas é, sobretudo, des-

---

[134] Lapoujade, 2017, p. 39.
[135] Lapoujade, 2017, p. 76.

locá-lo da sua natureza resolutiva. Nesse sentido, estamos a olhar o projeto em si, na sua dimensão de potência e não mais como um meio para a realização de algo. O projeto passa a ganhar a existência de ser algo já na sua posição de promessa. Ali ele se instala. Não é mais um meio para chegar a um eis-então.

Não há uma maneira de fazer projeto, mas maneiras, modos-outros de fazer. Mas não esqueçamos que não buscamos uma meta, um sentido; reconhecemos transversalidades. Estamos mais próximos das rasgaduras que o rizoma produz do que das certezas calcadas no mapa. Perdemo-nos mais pelas incertezas do rizoma e menos pelas certezas das rotas identificadas nos mapas. O rizoma nos permite outras enunciações, outras entradas. Entradas não hierárquicas, mas sobrepostas, conflitivas. Habitemos mais a fluidez do ar do que a fixidez da terra. Deixemos que os aviões nos levem por outras rotas. Voltar à casa não significa retornar ao que era antes, a um tempo anterior, mas a uma nova reinvenção. Deixemo-nos perder em casa. Perder-se naquilo que antes era estável. Perder-se para reinventar novos percursos, enfrentar novas realidades e novos desafios.

Porto Alegre, primavera de 2020. Tempos ainda mais encerrados. Tempos de reflexão sobre a pesquisa, com o outro e sobre o que se anuncia. Um tempo de boas memórias de Lisboa.

[POSFÁCIO]
o professor, o tecnólogo, o extensionista

Bruno Cesar Euphrasio de Mello

O som dos aviões interrompe o silêncio. A passagem ritmada dessas máquinas voadoras indo e vindo do aeroporto é o tique-taque do relógio que marca o tempo e faz o pensamento do arquiteto-urbanista e professor Paulo Reyes flutuar. Prestes a deixar Lisboa, alguém que estivesse à janela com ele poderia apontar para o céu e dizer, como no *Abril Despedaçado*: "Tá vendo aquele relógio ali? Cada vez que ele marcar mais um, mais um, mais um, ele vai tá te dizendo, menos um, menos um, menos um". Tempo de deixar Lisboa.

Aqui em Porto Alegre, o movimento de outro artefato marca a passagem do tempo da relação que tenho mantido com Reyes: o abrir e fechar da porta da sala de aula. Apesar de nos encontrarmos sempre às terças e quintas-feiras pela manhã, um dia nunca é igual a todos na disciplina Urbanismo

1, que desde 2018 ministramos juntos na Faculdade de Arquitetura da Universidade Federal do Rio Grande do Sul.

Nesses encontros regulares temos mantido uma proveitosa relação acadêmica e intelectual. Temos provocado as turmas acerca dos desafios de refletir sobre o ambiente urbano. Temos estimulado os estudantes a pensar sobre a posição que ocuparão quando atuarem profissionalmente e nas consequências de seu futuro labor para a cidade e a sociedade.

O convite à redação deste posfácio é mais um capítulo desta relação. Sou grato ao autor pela oportunidade de poder pensar sobre temas que tantas vezes temos dialogado em sala de aula e em atividades de pesquisa a partir das questões colocadas pelo livro. E quero tratar de três aspectos que me foram suscitados pela leitura: o professor e a negativa; o tecnólogo e a torção; o extensionista e o espaçamento. É do que tratarei aqui.

I. O professor e a negativa

Reyes dedica-se ao ensino de projeto urbanístico há aproximadamente 30 anos, "sempre comprometido com um ensinar e um aprender, a cada novo olhar de um aluno". É da posição de professor universitário que ele pensa. A atividade docente é cheia de mútuas provocações. Ele relata uma delas, feita por um estudante durante uma aula na pós-graduação. Descreve que um mestrando, "com forte inserção no mercado em planejamento urbano como arquiteto afirmou: 'é interessante pensarmos sobre um projeto aberto, mas no final temos que realizar o projeto". Reyes propõe uma negativa desconcertante para esses que pensam o ensino como o adestramento para a repetição de um conjunto finito e habitual de dogmas e movimentos. Ele propõe a experimentação, a dúvida. Isso desorienta quem tem certeza.

Essa provocação levanta ainda, no meu ponto de vista, um debate que, se não é novo, continua bastante frequente: a necessidade de incorporar mais arquitetos e urbanistas exclusivamente "práticos" ao quadro docente das universidades. Quanto mais práticos houver, pensam alguns, melhor será o ensino por ele ministrado.

A negativa proposta por Reyes mostra como esta questão, posta nesses termos, está mal colocada. Primeiro, porque hipertrofia o papel do ensino e negligencia o da pesquisa e da extensão. Não podemos perder de vista que a universidade não é simplesmente uma instituição profissionalizante. E que ela se alicerça no tripé ensino-pesquisa-extensão. Ensinar não é apenas adestrar. Requer um conhecimento particular, que vai além daquele necessário ao exercício profissional de arquiteto e urbanista.

Segundo, porque a cisão entre o ensino e a pesquisa faz com que a incorporação e o debate sobre as novidades cessem. E o ensino, assim, acaba por se tornar a repetição superficial de manuais e de gestos habituais irrefletidos. Reyes nega a tentativa de estabelecer um manual ou um conjunto de procedimentos que devem ser seguidos para elaboração de um projeto urbanístico. A proposta do livro é gerar dúvidas, colocar questões, duvidar. Enfim, abrir um debate que questione a eficiência, o resultado e o consenso que envolve o processo de elaboração de projetos.

Mas, sem levar em conta esses pressupostos, se mantém por aí o coro: "é necessário professores práticos e não só acadêmicos", como se houvesse aí uma oposição. Eu, pelo contrário, creio que há, entre ambos, uma complementaridade.

Reyes realiza uma prática pedagógica que acolhe o experimental e que tenciona outras perspectivas. A intenção do trabalho de Reyes é justamente "suspender ou retirar de cena um certo valor resolutivo que o ensino de projeto em arquitetura e urbanismo tem e avançar com uma crítica a um tipo de pensamento de projeto, principalmente, ao projeto em urbanismo".

Se é verdade, como dizia Freire, que os homens se educam entre si e mediados pelo mundo, Reyes é bastante claro: "não me é possível pensar o projeto em urbanismo como algo a se ensinar no sentido de transmitir um conhecimento que passaria de mestre a discípulo, mesmo que isso fosse estritamente técnico, mas pensar-junto com o outro. Esse pensar junto me parece só ser possível instalando um pensamento crítico sobre o saber-fazer. Instalar no sentido de dar condições de pensar por si".

Reyes posiciona-se como um professor que, no exercício de sua atividade, está comprometido com uma formação profissional ética, solidária, crítica. Por isso é tão necessário provocar as certezas estabelecidas. E uma das formas mais claras de assim proceder é, por vezes, negá-las.

II. O tecnólogo e a torção

O projeto arquitetônico ou urbanístico pode ser definido por dois atributos: (i) é uma proposta de solução a um problema que só pode ser resolvido construtivamente; (ii) é uma prescrição precisa que antecipa e dirige a obra.

Compreende-se também o projeto como um artefato tecnológico, já que consiste na busca de objetivos práticos utilizando o saber – no caso específico, projetar e construir edifícios ou cidades. O conhecimento manipulado pelo arquiteto e urbanista não está preocupado em desvelar a verdade, mas está interessado com a ação sobre o mundo. Por seu potencial prático, serve àqueles que buscam o trabalho especializado de profissionais de "formação superior" para que estes atendam os interesses daqueles que o demandam.

É fato que os artefatos tecnológicos são produzidos dentro de um contexto social e econômico; e que a distribuição desigual de influência sobre esse projeto (e objeto) tecnológico contribui para a desigualdade social. Mas é possível afirmar que a toda tecnologia subjaz um projeto político ou de exercício de poder?

A propósito do tema, Galimberti é taxativo: "Precisamos, antes de tudo, acabar com as falsas inocências, com a fábula da técnica *neutra*, que só oferece os *meios*, cabendo depois aos homens empregá-los para o bem ou para o mal"[136]. Essa é a proposta defendida por Reyes no livro: o projeto urbanístico não é neutro. A intervenção sobre o mundo que ele realiza deve ser pensada, sempre, como uma intervenção posicionada, talvez até mesmo engajada.

A hipótese da neutralidade da técnica é facilmente adotada por aqueles que buscam isentar-se das responsabilidades éticas e morais inerentes à intervenção sobre o mundo e a sociedade. O autor, por sua vez, parece questionar: A serviço do que e de quem a técnica urbanística é posta em movimento? E, talvez, mais importante: projetamos contra quem?

Mas o pensamento do autor avança para além desse reconhecimento da técnica posicionada e engajada. Ele sugere que o projeto pode libertar-se de seu vínculo com um

---

[136] Galimberti, Umberto. *Psiche e Techne: o homem na idade da técnica.* São Paulo: Paulus, 2006, p. 8.

produto acabado e real que dirigirá a construção – que é característica central do projeto arquitetônico e urbanístico. O saber-fazer, expressão criada por Reyes para caracterizar a base da formação profissional enraizada na técnica, é desafiado pelo pensar-fazer, que "suspende essa dimensão resolutiva e põe o foco na crítica aos procedimentos, pensando o projeto para além da sua realidade técnica e instrumental, instalando uma dimensão política". Como menciona ele: "Deslocar o projeto de um saber-fazer para um pensar-fazer significa deslocar de uma perspectiva realizável que surge na técnica para uma crítica política naquilo que aparece como 'possível'".

Associado à técnica está "o caráter resolutivo", "o compromisso com uma resposta eficiente". Contrapõe-se a ela um elogio àquilo que não responde, àquilo que se permite falhar, às experiências ordinárias, às experiências marginais, aquelas que estão "longe dos holofotes das cidades espetaculares". Pensar por aquilo que está ausente ou é excluído, essa é a provocação de Reyes.

Essa perspectiva do não realizável, espécie de ficcionalização da realidade, é a base das utopias que povoaram e continuam a povoar o imaginário: a *Utopia*, de Thomas Morus (1516), *A Cidade do Sol*, de Tommaso Campanella (1602), as *Notícias de lugar nenhum*, de William Morris (1890), para citar alguns textos que anunciavam um novo mundo e uma nova vida comunitária. Não obstante, podemos pensar também nas distopias que há em *1984*, de George Orwell (1949), ou em *Fahrenheit 451*, de Ray Bradbury (1953), lugares ruins de onde queremos nos distanciar.

No campo do urbanismo, há fartos exemplos de cidades utópicas amplamente divulgadas nos livros didáticos. Dentre elas, posso citar o Falanstério, proposto por Charles

Fourrier na primeira metade do século XIX, espaço que deveria abrigar uma comuna-tipo ou falange. Ou ainda as cidades propostas já no início do século XX, como A Cidade Industrial, de Tony Garnier, a Cidade Jardim do Amanhã, de Ebenezer Howard, a Cidade Contemporânea para 3 milhões de habitantes, de Le Corbusier. Todas elas criticavam, em alguma medida, a cidade de seu tempo.

O papel que essa cidade imaterial cumpre no pensamento de Reyes é o de desafiar a ideia de que não há alternativa para além dos marcos da cidade neoliberal. Por isso, ele propõe posicionarmos as cidades no campo da esperança e da imaginação, e não no campo do conhecimento, da ciência e da técnica.

O autor critica a técnica resignada à presença do neoliberalismo – e de sua aparição como pensamento consensual e único. Contudo, Reyes é algo freireano, para quem "a realidade não é, está sendo". Ele está ali a nos relembrar que quem projeta em urbanismo quer ver cidades invisíveis. Que é preciso que habite em nós cidades de sonhos, "como coisa real por dentro", como já disse Fernando Pessoa.

Afinal, mais importante do que perguntar que cidade *podemos* ter, é necessário afirmar que cidade *queremos* ter. A cidade deve ser desejada, deve ser sonhada, antes de ser concretamente projetada e construída. E essa polarização sonho e realidade é outra torção proposta pelo autor.

III. O extensionista e o espaçamento

Reyes faz uma breve menção à extensão universitária em seu livro. Diz ele: "Produzir então esse ato político que desterritorializa uma prática projetiva é reconhecer experiências outras que não as que estão dadas pelos manuais de arquitetura. Talvez seja pelas práticas de extensão que possamos identificar novas lógicas, sobretudo, lógicas menores de viver a cidade e de produzir novos sentidos de compartilhamento da cidade, novas formas mais solidárias de partilhas do sensível". Creio que há espaço para explorar essa relação entre a extensão e o espaçamento.

Em 2012, o Fórum de Pró-Reitores de Extensão das Instituições Públicas de Educação Superior Brasileiras publicou a Política Nacional de Extensão Universitária. Ela definiu cinco diretrizes que devem orientar a formulação e implementação das ações de Extensão Universitária. São elas: i) Interação dialógica; ii) Interdisciplinaridade e interprofissionalidade; iii) Indissociabilidade ensino-pesquisa-extensão; iv) Impacto na formação do estudante; v) Impacto e transformação social.

A proposta de Reyes, de criar um "espaçamento" se aproxima da noção de interação dialógica. Vou me explicar.

No início do século XX, momento de construção das primeiras universidades brasileiras, o país importou a concepção de extensão de países como Inglaterra e Estados Unidos da América. Por isso, inicialmente, duas concepções de extensão foram recorrentes: a de que ela seria uma atividade que permitiria à universidade difundir conhecimentos úteis à sociedade por meio de cursos e conferências; e a de que, por meio dela, prestaria serviços especializados à sociedade com vistas ao desenvolvimento nacional.

Hoje, a extensão é concebida como a mostra do compromisso da universidade com as causas sociais, de diálogo entre os saberes acadêmicos e populares, de ação universitária para a transformação do mundo. A interação dialógica é definida pela Política Nacional de Extensão como o diálogo e a troca de saberes entre comunidade e universidade, superando o discurso de hegemonia acadêmica e substituindo-o pela aliança com movimentos, setores e organizações sociais. O dialógico dessa diretriz recupera o conceito de dialogicidade de Paulo Freire.

A dialogicidade representa uma das categorias centrais da proposta pedagógica humanista e libertadora de Paulo Freire. Ela se opõe à *educação bancária*, que é vertical, que é domesticação. Que ao invés de comunicar faz "comunicados" e "depósitos" nos educandos, que os devem memorizar. Que, assim, anula o poder criador do educando. Na educação bancária, os envolvidos assumem posições fixas e hierarquizadas. Ela presume a existência de alguém que sabe e entrega a informação (o educador) e alguém que não sabe e que a recebe (o educando).

O diálogo, ao contrário do autoritarismo, "é o encontro dos homens, mediatizados pelo mundo, para pronunciá-lo"[137]. Por isso, é ato de criação. O diálogo está intimamente ligado ao conceito de ação-reflexão, sintetizada na proposta de práxis, que é a "ação e a reflexão dos homens sobre o mundo para transformá-lo"[138].

As concepções de dialogicidade e práxis sugerem uma relação de igualdade e horizontalidade, em que o educador "não se sente dono do tempo, nem dono dos homens, nem libertador dos oprimidos. Com eles se compromete, dentro do tempo, para com eles lutar"[139]. Nesse sentido, o mundo deve

---

[137] Freire, Paulo. *Pedagogia do oprimido*. Rio de Janeiro: Paz e Terra, 1987, p. 78.

[138] Freire, Paulo. *Pedagogia do oprimido*. Rio de Janeiro: Paz e Terra, 1987, p. 67.

[139] Freire, Paulo. *Pedagogia do oprimido*. Rio de Janeiro: Paz e Terra, 1987, p. 27.

ser forjado com ele e não para ele. Ambos, em comunhão, dizem o seu mundo, pronunciam a sua palavra, do "que resulta o crescente saber de ambos"[140]. A práxis representa uma tentativa de reunir o fazer e o saber, a linguagem e o mundo.

Reyes, por sua vez, propõe um espaçamento – aquele adiamento da resolução que permite pensar. Como diz ele, com o espaçamento "temos tempo para contemplar a contradição e nos permitir rasgar o processo a fim de inserir novas narrativas não presentes no enunciado original". Como inserir essas novas narrativas no processo de projeto? Como abrir espaço para outras lógicas de viver e produzir a cidade, senão por meio do diálogo e da superação da hierarquia entre o fazer e o pensar?

O espaçamento aponta também para a dimensão política da atividade projetual (o pensar-fazer, crítico ao saber-fazer). Quando Reyes cita que se deve abrir espaço para o diálogo, para outros tempos, outras narrativas, outros fazeres e saberes, está sugerindo o abandono do projeto urbanístico em sua perspectiva de obra autoral, individualizada, assinada, monopólio do arquiteto, para ser uma elaboração coletiva, expressão das diversas mentes em pensamento. É como expressão coletiva que o projeto urbano passa a ser politicamente democrático, pois abre espaço à ação criadora de todos e a todos.

Por isso, assevera ele: "o saber não está só do lado do arquiteto, mas há também um saber que é constituído pela vivência e experiência que só os habitantes envolvidos têm. Nesse sentido, deve haver um compromisso ético

---

[140] Freire, Paulo. *Pedagogia do oprimido*. Rio de Janeiro: Paz e Terra, 1987, p. 27.

com a realidade em questão que possa reconhecer valores intrínsecos à comunidade e suas expressões estéticas".

A extensão pode ser, a meu ver, esse campo de experimentação e renovação de práticas pedagógicas que, ao colocar em pauta temas e questões intimamente relacionadas aos nossos problemas sociais e ao nosso povo, pode provocar a pesquisa, o ensino e a prática profissional. O espaçamento é, portanto, acolhedor.

Considerações finais

Em nossa atividade como professores colegas de disciplina temos tentado seguir o princípio da "sapiência". Etimologicamente esta palavra se refere, ao mesmo tempo, à sabedoria e ao paladar. Une saber e sabor (que não por acaso são palavras similares). Ou seja, nosso esforço tem sido ensinar com "sapiência" – apresentar como é delicioso o saber sobre a cidade.

Mas não há saber ou sabor que se apresente sem alguma pimenta. As provocações colocadas por Reyes nesse livro desconcertam. O ensino não é um adestramento? É possível negar as certezas dos manuais? A técnica não é neutra? Como vamos desvincular o projeto do produto acabado que ele antecipa? É possível projetar em diálogo e acolhendo a participação da comunidade? O projeto não é um campo de conhecimento e atuação que pertence exclusivamente ao arquiteto? Paulo impõe estas dúvidas e sugere como respostas a elas a experimentação. Nega, para reorientar. Torce, para engajar. Abre espaço, para acolher.

[REFERÊNCIAS]

AGAMBEN, Giorgio. *Bartleby, ou da contingência*. Belo Horizonte: Editora Autêntica, 2015.

AGAMBEN, Giorgio. *O fogo e o relato: ensaios sobre criação, escrita, arte e livros*. São Paulo: Boitempo, 2018.

BALEM, Tiago. *Práticas urbanas insurgentes e o efêmero como aposta*. Tese de doutorado [em andamento] no PROPUR UFRGS. Porto Alegre, 2020.

BECKETT, Samuel. *Esperando Godot*. São Paulo: Editora Abril, coleção Teatro Vivo, tradução de Flávio Rangel, 1976.

BECKETT, Samuel. *Pra frente o pior. Companhia e outros textos*. São Paulo: Globo, 2012.

BENSE, Max. O ensaio e sua prosa. *Revista Serrote*, n. 16. São Paulo: IMS, 2014.

BENVENISTE, Èmile. *Problemas de linguística geral I*. São Paulo: Editora Nacional EDUSP, 1976.

BENVENISTE, Èmile. *Problemas de linguística geral II*. Campinas: Pontes, 1989.

BISELLI, Mario. Teoria e prática do partido arquitetônico. *Arquitextos*, São Paulo, ano 12, n. 134.00, Vitruvius, jul. 2011.

BITTENCOURT, Lucas. *A imagem aberta da cidade*. Dissertação de mestrado [em andamento] no PROPUR UFRGS. Porto Alegre, 2020.

BLANCHOT, Maurice. *O livro por vir*. Lisboa: Relógio D'Água Editores, 2018.

BLOCH, Ernst. *O princípio esperança*. Rio de Janeiro: EdUERJ, Contraponto, 2005.

BONESIO, Luisa. Elogio da conservação. In: SERRÃO, Adriana. *Filosofia da Paisagem. Uma antologia*. Lisboa: Centro de Filosofia da Universidade de Lisboa, 2011.

BUTLER, Judith. *Vida precária: os poderes do luto e da violência*. Belo Horizonte: Autêntica Editora, 2019a.

BUTLER, Judith. *Corpos em aliança e a política das ruas: notas para uma teoria performativa de assembleia*. Rio de Janeiro: Civilização Brasileira, 2019b.

CHAMBERS, Samuel. Police and oligarchy. In: DERANTY, Jean-Philippe (ed.). *Jacques Rancière Key Concepts*. Durham: Acumen Publishing, 2010.

COSTA, Ana Elisia da; REYES, Paulo. O que vai acontecer aqui? *Arquitextos*, São Paulo, ano 21, n. 247.02, Vitruvius, dez. 2020. Disponível em: <https://vitruvius.com.br/revistas/read/arquitextos/21.247/7963>.

DARDOT, Pierre; LAVAL, Christian. *A nova razão do mundo: ensaio sobre a sociedade neoliberal*. São Paulo: Editora Boitempo, 2016.

DELEUZE, Gilles; GUATTARI, Félix. *Mil Platôs: capitalismo e esquizofrenia*. Volume 4. São Paulo: Editora 34, 1997.

DELEUZE, Gilles; GUATTARI, Félix. *Kafka: por uma literatura menor*. Belo Horizonte: Autêntica Editora, 2015.

DERANTY, Jean-Philippe (ed.). *Jacques Rancière Key Concepts*. Durham: Acumen Publishing, 2010.

DIDI-HUBERMAN, Georges. *O que vemos, o que nos olha*. São Paulo: Editora 34, 1998.

DIDI-HUBERMAN, Georges. *Imagens apesar de tudo*. Lisboa: Editora KKYM, 2012.

DIDI-HUBERMAN, Georges. *Atlas ou a gaia ciência inquieta*. Lisboa: Editora KKYM, 2013.

DIDI-HUBERMAN, Georges. *Diante da imagem*. São Paulo: Editora 34, 2015a.

DIDI-HUBERMAN, Georges. *A semelhança informe: ou o gaio saber visual segundo Georges Bataille*. Rio de Janeiro: Contraponto, 2015b.

DIDI-HUBERMAN, Georges. *Quando as imagens tomam posição. O olho da história I*. Belo Horizonte: Editora UFMG, 2017.

DRAGO, Felipe. *Projeto aberto – poética e diagramática projetual a partir do canteiro de obras*. Tese de doutorado defendida no PROPUR UFRGS. Porto Alegre, 2020.

FERREIRA, Rodrigo. *A morte na cidade: espaços mortos x renovação do espaço urbano*. Dissertação de mestrado [em andamento] no PROPUR UFRGS. Porto Alegre, 2020.

FLUSSER, Vilém. *O mundo codificado: por uma filosofia do design e da comunicação*. São Paulo: Cosac Naify, 2008.

FOUCAULT, Michel. *A ordem do discurso: aula inaugural no Collège de France, pronunciada em 02 de dezembro de 1970*. São Paulo: Edições Loyola, 2014.

GIORGI FILHO, Raimundo. *O projeto relacional: um exercício em torno das relações entre projeto e potência*. Tese de doutorado [em andamento] no PROPUR UFRGS. Porto Alegre, 2020.

INGOLD, Tim. Trazendo as coisas de volta à vida: emaranhados criativos num mundo de materiais. *Horizontes Antropológicos*, ano 18, n. 37, p. 25-44, 2012.

KONRATH, Germana. *Desestabilizar, desprogramar, desconstruir: a inversão da tríade vitruviana para o pensamento projetual em urbanismo no Brasil*. Tese de doutorado [em andamento] no PROPUR UFRGS. Porto Alegre, 2020.

LAPOUJADE, David. *As existências mínimas*. São Paulo: N-1 EDIÇÕES, 2017.

LLOSA, Mario. *El viaje a la ficción. El mundo de Juan Carlos Onetti*. Barcelona: Penguin Random House Grupo Editorial, S. A. U., 2015.

MAHFUZ Edson. Reflexões sobre a construção da forma pertinente. *Arquitextos*, São Paulo, ano 04, n. 045.02, Vitruvius, fev. 2004.

MARTINEZ, Alfonso. *Ensayo sobre el proyecto*. Buenos Aires, Libreria Técnica CP67, 1990.

MELVILLE, Herman. *Bartleby, o escrevente. Uma história de Wall Street*. Belo Horizonte: Editora Autêntica, 2015.

MOLDER, Maria Filomena. *Semear na neve*. Lisboa: Relógio D'água Editores, 1999.

NORBERG-SCHULZ, Christian. *Genius loci: towards a phenomenology of architecture*. New York: Rizzoli, 1980.

OITICICA, Hélio. *Aspiro ao grande labirinto*. Rio de Janeiro: Rocco, 1986.

PARKS, Rosa; HASKIN, Jim. *Rosa Parks. Mi historia*. Traducción de Montserrat Asensio Fernández. Barcelona: Plataforma Editorial, 2019.

RANCIÈRE, Jacques. *A partilha do sensível: estética e política*. São Paulo: Editora 34, 2009.

RANCIÈRE, Jacques. *O que é estética*. Trad. R. P. Cabral. Lisboa: KKYM, 2011a.

RANCIÈRE, Jacques. *Aisthesis: scènes du régime esthétique de l'art*. Paris: Éditions Galilée, 2011b.

RANCIÈRE, Jacques. *O mestre ignorante*. Belo Horizonte: Autêntica Editora, 2013.

RANCIÈRE, Jacques. *Nas margens do político*. Lisboa: KKYM, 2014.

RANCIÈRE, Jacques. *Políticas da escrita*. São Paulo: Editora 34, 2017.

RANCIÈRE, Jacques. *O desentendimento: política e filosofia*. São Paulo: Editora 34, 2018.

RANCIÈRE, Jacques. *As margens da ficção*. Lisboa: KKYM, 2019.

REYES, Paulo. Projeto por cenários: uma narrativa da diferença. In: *XVI Enapur - Espaço, Planejamento e Insurgências*. Belo Horizonte: Enanpur, 2015. v. 01. p. 01-14.

REYES, Paulo. Projeto entre desígnio e desvio. In: PAESE, Celma; KIEFER, Marcelo. (Orgs.). *Poéticas do Lugar*. 1ª ed. Porto Alegre: UFRGS, 2016, v. 3, p. 86-103.

REYES, Paulo; GIORGI FILHO, Raimundo. O partido partido. In: VASCONCELLOS, Julio; BALEM, Tiago. (Orgs.). *Bloco 12: O partido arquitetônico e a cidade*. 01ed. Novo Hamburgo: Feevale, 2016, v. 12, p. 10-17.

REYES, Paulo. A imagem fraturada a favor de um projeto como processo. In: V ENANPARQ. *Arquitetura e Urbanismo no Brasil atual: crises, impasses e desafios*. Salvador: FAUFBA, 2018. v. 02. p. 5149-5162.

REYES, Paulo. The role of images in urban design thinking. In: Constantino Pereira Martins; Pedro T. Magalhães. (Orgs.). *Politics and Image*. 1ª ed. Coimbra: Universidade de Coimbra, 2019, v. 01, p. 150-167.

REYES, Paulo. Um Habitar menor. *PÓS*. Revista do programa de pós-graduação em arquitetura e urbanismo da FAUUSP, v. 26, p. e159015, 2019.

REYES, Paulo; CARON, Daniele; CIDADE, Daniela. O projeto narra. In: JACQUES, Paola Berenstein; PEREIRA, Margareth da Silva; CERASOLI, Josianne Francia (Orgs.). *Nebulosas do Pensamento Urbanístico* – Tomo 3 – Modos de Narrar. Salvador: EDUFBA, 2020.

REYES, Paulo. A cidade pelo projeto. In: FERRAZ DE SOUZA, Célia (Org.). *Planejamento Urbano 50 anos: uma história entre histórias*. (no prelo, em fase de editoração).

RIBEIRO, Eduardo. *O cais Mauá em disputa: o projeto, as narrativas e a montagem para um outro olhar*. Dissertação de mestrado [em andamento] no PROPUR UFRGS. Porto Alegre, 2020.

RICOUER, Paul. *Tempo e narrativa* (tomo 1). Campinas, SP: Papirus, 1994.

RICOEUR, Paul. Arquitectura y narratividad. In: MUNTAÑOLA, Josep. *Arquitectonics: Arquitectura y hermenéutica*. Barcelona: Edicions UPC, 2003.

ROLNIK, Raquel. Paisagens para a renda, paisagens para a vida. *Revista Indisciplinar*, Belo Horizonte, v. 5, n. 1, pp. 18-45, jul-out 2019.

SALOMÃO, Waly. *Hélio Oiticica: qual é o parangolé? E outros escritos*. São Paulo: Companhia das Letras, 2015.

SARAMAGO, José. *História do cerco de Lisboa*. São Paulo: Companhia das Letras, 1989.

SERRÃO, Adriana. *Filosofia da Paisagem. Uma antologia*. Lisboa: Centro de Filosofia da Universidade de Lisboa, 2011.

TEIXEIRA, Amanda. Um olhar sobre a poética dos Parangolés de Hélio Oiticica. Arteriais. *Revista do Programa de Pós-Graduação em Artes da Universidade Federal do Pará*. v. 3. n. 4, pp. 51-59, 2017. Disponível em: http://dx.doi.org/10.18542/arteriais.v3i4.4863

TURRI, Eugenio. A paisagem como teatro. In: SERRÃO, Adriana. *Filosofia da Paisagem. Uma antologia*. Lisboa: Centro de Filosofia da Universidade de Lisboa, 2011.

WILKOSZYNSKI, Artur. *A dialética das imagens e o projeto por cenários: uma articulação teórico-metodológica*. Tese de doutorado defendida no PROPUR UFRGS. Porto Alegre, 2018.

(51) 99189 9551
mariaclo918@gmail.com

Este livro foi confeccionado especialmente
para a Editora Meridional Ltda., em Cambria e Swiss721,
e impresso na Gráfica Odisséia.